고귀한 시간 '낭비' – 예배

A Royal "Waste" of Time
by Marva Dawn

Copyright © 1999 Wm. B. Eerdmans Publishing Co.

Korean translation rights arranged with Wm. B. Eerdmans Publishing Co.
through the arrangement of KCBS Inc., Seoul, Korea.
Korean Copyright © 2004 by Jireh Publishing Co., Seoul, Korea
All rights reserved.

이 책의 한국어판 저작권은 KCBS Inc.를 통해 Wm. B. Eerdmans Publishing Co.와
독점 계약한 도서출판 이레서원이 소유합니다. 저작권법에 의하여 한국 내에서 보호를 받는
저작물이므로 출판사의 허락 없이 내용의 일부를 인용하거나 발췌하는 것을 금합니다.

고귀한 시간 '낭비' — 예배

마르바 던 지음 | 김병국 · 전의우 옮김

이레서원

고귀한 시간 '낭비' - 예배

마르바 던 지음

초판 1쇄 인쇄 2004년 12월 1일
초판 7쇄 발행 2022년 7월 25일

기획, 마케팅　김정태
편집　송혜숙, 오수현
총무　곽현자

발행처　도서출판 이레서원
발행인　문영이
출판신고　2005년 9월 13일 제2015-000099호

경기도 고양시 일산동구 백석로71번길 46, 1층 1호
Tel. 02)402-3238, 406-3273 / Fax. 02)401-3387
E-mail: Jireh@changjisa.com
Facebook: facebook.com/jirehpub

ISBN 978-89-7435-357-5 (03230)

잠시 경이에 젖어…

차례

*프롤로그_ '헛되지만 의미로 가득한 것'   9

1. 시간 낭비 vs. '고귀한' 시간 낭비   15
2. 교회가 포스트모더니즘 시대에게 주는 선물   25
3. TV가 예배에 미치는 10가지 해악   39
4. 예배와 전도의 혼동, 무엇이 문제인가   59
5. 하나님, 우리 예배의 무한 중심   73
6. 예배 공동체 세우기   85
7. 주방장의 기술이냐 교향곡의 지휘냐   101
8. 우리가 해야 할 질문들   117
9. 세상 사람들의 진정한 필요 채우기   137

*에필로그_ 더 힘든 길을 권하며   161

프롤로그 '헛되지만 의미로 가득한 것'

> 경이는 예배의 기초다.
> *토마스 칼라일

예배에 관한 책을 쓸 생각은 없었다. 전문적인 교회 사역자들을 격려하는 책과 인격 형성으로서의 윤리에 관한 책을 쓰느라 매우 바빴기 때문이다. 그러나 나의 글쓰기 작업은 그다지 순조롭지 못했다. 내 지혜로운 한 친구로부터 영적 휴식을 갖고 이 책들이 내 시간을 투자해야 할 대상이 아니라면 하나님께서 그것들을 처분하시게 하라는 조언을 받았다.

한번은 뉴저지 주 프린스턴의 웨스트민스터 콰이어 컬리지 Westminster Choir College에서 강연과 설교를 한 적이 있는데, 한 학생이 교회 오르간과 찬양대에 대한 관심이 줄어드는 현실에 대해 물었다. "우리가 여기서 시간을 낭비하고 있는 게 아닌가요?" 이 질문을 받은 후 채플 시간의 설교 제목을 "고귀한 시간 낭비"라고 정했다. 채플 시간에 정말 아름다운 찬양을 드린 수 엘런 페이지 양은 혹시 "고귀한 시간 낭비"를 나중에 책 제목으로 쓸 거냐고 물었다.

그로부터 사나흘 후, 영적 휴식을 취하면서 그녀의 질문과 지난 2년의 기도 생활과 성경 연구와 모든 정신적 고뇌를 종합해 보다가 하나님은 지금 내가 쓰고 있는 두 권을 책을 일단 접어 두고 이 책을 쓰도록 인도하고 계신다는 확신이 들었다. 그후 몇 달 동안 각종 모임에서 이런 이야기를 할 때마다 사람들이 매우 긍정적인 반응을 보이는 것을 보고 이 책이 정말 필요하다는 것을 확신했다. 또한 페이지 양이 능숙하게 지휘하던 찬양대의 연습 장면을 떠올려 볼 때 교회가 어린이들에게 좋은 찬양 습관을 가르치며, 다양한 형태의 음악을 숙지시키고, 그 과정에서 하나님에 대한 그들의 믿음과 사랑의 깊이도 더할 수 있다는 확신을 얻었다.

나는 "고귀한 시간 낭비"A Royal "Waste" of Time라는 제목이 정말 마음에 들었으며, **고귀한**royal이란 단어에 모든 초점을 맞추었다. 그러나 이러한 제목은 오해의 소지가 있었기에 출판사와 머리를 맞대고 여러 다른 제목을 검토해 보았으나, 결국 "고귀한 시간 낭비"라는 제목으로 되돌아 왔으며, 다만 독자들이 내 의도를 오해하지 않기를 바라면서 부제(이 책의 완역본에서는 "하나님을 예배함과 세상을 위한 교회됨의 광휘"라는 부제가 있다-편집자 주)를 달기로 했다.

우리는 예배에서 무엇을 '얻는다' (우리 나라의 표현을 빌자면 "은혜 받았다"는 식의 표현-편집자 주)라는 말을 빈번히 주고받는다. 이런 실용주의적 예배를 강조하는 현재의 추세에 의문을 제기해야 한다. '고귀한 시간 낭비'라는 표현을 쓴 것은 '필요를 충족한다'는 이유로 버거킹처럼 만들어지는 예배 개념을 반박하기 위해서다. 예배는 무언가를 성취하기 위함이 아니라는 것을 회중에게 어떤 방법으로 다시 가르칠 것인가? 그저 하나님의 임재 안에 굳게 서고, 하나님의 무한한 통치에 잠기는 법을 어떻게 다시 배울 것인가?

우리 문화에는 참된 안식/휴식, 우리 사회의 광기와 열광으로부터의 진정한 고침, 받아들일 수 있는 더 나은 가치관과 생활 방식, 우리 삶의 깊은 아픔을 단순히 억누르려는 시도가 아니라 참된 축하인 진실한 향연饗宴이 절실하게 필요하다. 예배는 과거의 전통과 하나님의 다스림을 지금 시행함으로써, 미래를 준비하는 온전한 하루의 한 부분일 뿐이라는 것을 인식하도록 예배를 계획하려면 어떻게 해야 하는가?

우리는 변함없는 소망이 절실히 필요한 시대, 소망의 기초를 찾아 헤매고 있는 시대에 살고 있다. 어떻게 하면 우리 예배에서 인간의 소망과 의견이 아니라 하나님의 소망을 더욱 철저히 붙잡을 수 있겠는가? 이 시대의 문화는 핵 위협을 느끼고, 소비주의에 빠져 있으며, 어지러울 정도로 기술이 발전하고 있지만 관계가 사라져버린 사회에서 어떻게 하면 의미와 미래를 찾을지 고민하는 많은 젊은이들의 절망을 여과 없이 보여 주고 있다.

20-30대의 많은 사람들은 세상의 정치적, 경제적 혼란을 보면서, 자신이 선택한 직종에서 취업 가능성이 없는 것을 보면서, 환경이 오염되는 것을 보면서, 모든 도덕적 권위가 상실되는 것

을 보면서 외친다. 당신들이 우리에게 이렇게 엉망진창인 세상을 물려주면 우리더러 도대체 어쩌란 말인가? 그들은 소망을 갈구한다.

그저 그들의 등이나 두드려 주면서 아늑함에 빠지게 해서는 안 된다. 대신, 오락도 아니고 도피도 아니고 기분 전환도 아니고 구미에 맞는 소비주의의 제안도 아닌, 죄악이 현실에 어떤 영향을 미치는지 가르쳐 주고, 그리스도께서 십자가와 빈 무덤에서 죄악을 이기신 사실을 상기시켜 주며, 지금 세상에서 이루어지는 하나님의 통치로 인도해 들이며, 세상을 향한 사역에서 그 통치에 참여하도록 도전을 주며, 언젠가 하나님께서 그분의 나라에서 온전히 이루실 진리를 확인시켜 주는 **참된** 소망을 주어야 한다. 또한 교회의 종말론적인 전통을 회복하고, 그 전통의 빛 가운데 풍성하게 예배함으로써 소망을 갈구하는 이웃에게 큰 소망을 주어야 한다.

로마노 구아디니Romano Guardini는 예배를 '*zwecklos aber doch sinnvoll*' 즉 '헛되지만 의미로 가득한 것'이라고 했다. 이 책의 전체적인 의도는 우리가 이 역설을 결코 놓치지 않도록 돕는 것이다. "고귀한 시간 낭비"라는 제목은 예배를 '하나님께 사람들을 이끄는 수단'으로 삼으려는 이 시대의 시도를 좌절시키기 위한 것이다. 물론 우리가 예배를 잘 드린다면 사람들은 하나님께로 이끌릴 것이다. 그러나 이러한 호소가 예배의 초점이 된다면 그 예배에는 더 이상 하나님이 계시지 않을 것이다.

세상적인 면에서 볼 때, 예배가 완전한 시간 낭비a total waste of time가 아니라면 그것은 우상 숭배일 뿐이다. 진정한 예배란 하나님을 높이는 단 하나의 목적을 위해 하나님의 무한한 광휘에 완전히 잠기는 것이다.

우리의 찬양을 그분의 광휘로 채우시는 하나님께서 이 책의 페이지마다 우리를 인도하여 주시기를, 그리하여 우리가 그분을 아낌없이 예배하며 그 결과 더 충성스런 그분의 백성이 되며 이웃들을 더 후하게 섬길 수 있게 하시기를 기도한다.

1.

예배는 그리스도인으로 살아가려는 열정을 심어 주고,
더 열정적인 예배로 나아가게 하는 고귀한 시간 낭비다.

우리는 하나님의 말씀을 하품으로 막을 수 있다. 다른 할 일들이 있다는 것을 떠올림으로 하나님과 함께 보낼 시간을 막을 수 있다. "시간이 없다!" 물론 당신은 시간이 있다! 시간을 내라. 다른 관심사들을 묶어 두라. 당신 삶의 힘의 원천이 주 예수 그리스도와 그분의 속죄에 있음을 시간에게 깨우쳐 주라.

*오스왈드 챔버스

시간 낭비 vs. 고귀한 시간 낭비

세상의 눈으로 보면, 하나님을 예배하는 것은 시간 **낭비**다. 이것은 분명히 **고귀한**royal 시간 낭비지만 그럼에도 불구하고 틀림없는 시간 낭비다. 사회적 관점에서 보면, 예배에 참석해서 얻는 유익은 전혀 없다.

그러나 예배를 실용주의적 관점에서 이해해서는 안 된다. 예배의 목적은 하나님께 점수를 따거나 성공한 교회임을 과시하는 데 있지 않다. 우리가 예배하는 단 한 가지 이유는 하나님께서 예배를 받으시기에 합당하기 때문이다. 예배는 하나님께 점수를 따는 데 도움이 되는 것도 아니다. 우리가 예배 중에 하는 일 때문에 우리에 대한 하나님의 생각이 조금이라도 바뀌는 일은 없다. 우리는 당연히 되어야 할 존재가 될 능력도, 자신을 개선할 능력도 전혀 없는, 언제나 무기력한 죄인일 뿐이다. 그러나 하나님은 언제나 자비와 긍휼과 은혜와 인자가 넘치는 분이시기에 우리가 그분께 나아갈 때 우리를 기꺼이 용서하신다.

예배는 시간 낭비다. 그러나 참으로 고귀한 시간 낭비다. 예배는 우리를 그 가운데 우주의 왕이신 하나님의 고귀한 광휘에 빠져들게 하기 때문이다. '광휘에 잠겨' Immersed in Splendor. 나는 이 말에 담긴 침례 이미지를 아주 좋아한다. 이것은 마치 뜨거운 여름날, 산속의 사파이어 빛 호수에 뛰어드는 것과 같다. 예배 또한 하나님의 무한한 광대하심과 숭고하심과 광채를 경험하는 사람들이 항상 느끼는 놀라움 속으로 뛰어드는 것과 같다. 예배가 하나님의 숭고한 속성과 행위에 우리를 잠기게 하기 때문이다. 예배가 모든 종류의 소리, 새 음악과 옛 음악, 신실한 찬양의 샘, 능력 있는 말씀 선포, 끝없이 확장되며 하나님의 위엄을 전하는 강江으로 채워져야 하는 이유가 바로 여기에 있다.

우리 시대의 가장 큰 문제는 우리가 우주의 주인에게 지나치게 무관심하다는 것이다. 우리가 하나님의 광휘에 더 깊이 잠긴다면 틀림없이 '경이와 사랑과 찬양에 빠지게' 될 것이다.

우리 가운데 많은 이들이 사이버 세계의 놀라운 영상과 소리에 빠져 있더라도 하나님, 곧 우주의 주인이시요 전능의 왕이신 하나님을 언뜻 뵙기만 해도 바닥에 엎드릴 수밖에 없을 것이다. 하나님의 절대적인 타자성他者性을 인식할 때, 이제 하나님을 보았기 때문에 죽을 수 있다는 생각이 들 것이다. 우리는 선지자처럼 외칠 것이다. "내가 화를 당하였도다. 내가 멸절하였도다"(사 6:5, Woe is me, for I am annihilated—마틴 루터의 사역).

상상을 초월하는 하나님의 임재의 두려움과 놀라움은 실로 엄청난 것이기에, 우리는 두려움과 떨림과 모든 삶의 제사로 반응할 수밖에 없다. 그러나 지나치게 과장되고 위선적인 문화 때문에 하나님의 광대하신 주권과 탁월하심을 진지하게 받아들이기가 쉽지 않다. 다시 말해서, 하나님께서 은혜를 베풀어 그분의 광휘를 우리에게 아주 조금만 보여 주시는 데 그치지 않으신다면 우리는 그분의 무한한 영광이 우리를 삼켜버리리라는 것을 좀처럼 깨닫지 못한다. 모세의 경우처럼, 우리는 사실 하나님의 '등', 즉 그분이 계셨던 곳이나 그분이 하신 일의 영광만 볼 뿐이다(출 33:17-23).

그렇지만 하나님을 이렇게 진지하게 대하는 것은 우리 문화와는 전혀 맞지 않는다. 우리는 하나님을 예배하는 것을 개인적인 기호와 시간, 편의와 위안의 문제로 바꾸려는 시대와 문화 속에 살고 있다. 따라서 주일 아침 예배를 드릴 때 가능한 한 하나님을 더 깊이 만나고 체험해야 한다. 그래야만 사회적 나태와 몽유병에서 깨어나 정신을 차리고 하나님의 광휘를 바라보며 경배와 섬김과 희생으로 반응할 수 있기 때문이다.

하나님을 진지하게 대하고 그분의 광휘에 잠길 때, 우리는 예수님을 따르며 하나님 나라에 참여하는 **대안적 생활 방식**을 실천하는 공동체에 속하게 된다. 교회 됨being Church이라는 표현을 사용하는 것도 바로 이 때문이다. 우리가 신앙을 갖거나 세례를 받을 때 하나님의 영원한 통치가 우리의 삶에서 시작된다. 그 결과 우리의 인격이 변하기 시작할 뿐만 아니라 전체 공동체를 위해 종말론적 삶을 살아야 하는 책임도 시작된다.

예배는 하나님의 임재를 다른 사람과 함께 누릴 수 있는 기회, 우리의 시간에서 벗어나 하나님 나라의 영원한 목적에 들어가게 하는 기회다. 그 결과 우리는 변화된다. 그러나 우리의 변화는 우리가 하는 어떤 일 때문이 아니다. 우리가 집중하고 복종하는 대상인 하나님께서 자신을 계시하심으로써 우리를 변화시키는 것이다.

'예배가 고귀한 시간 낭비'임을 이해하는 것이 우리에게 유익한 것은 우리를 자유하게 하여 그리스도의 가난에 참여토록 하기 때문이다. 우리는 이 세상을 낮아짐의 방법을 통해 구원하기로 작정하신 삼위일체 하나님을 예배한다. 하나님은 자신의 아들을 세상에 보내사 종의 순종을 통해 자신을 비우고, 자신을 낮추어 평생 고난을 당하며, 우리를 대신하여 가장 참혹하게 죽게 하셨다. 하나님의 아들이 이 땅에 오신 것은 '세상의 문제를 세상이 이해할 수 있는 방법으로 풀기 위해서'가 아니었다. 이러한 하나님을 예배할 때, 우리는 힘이나 통제나 성취나 성공이 아니라 이웃 사랑에 시간을 낭비하는 능력과 겸손으로 우리를 옷 입히시는 성령의 능력 안에서 살게 된다.

예배에 관한 여러 논의와 논쟁에서 가장 염려스러운 것은 가장 본질적인 기준, 즉 **하나님이 우리 예배의 주체요 대상이요 무한한 중심이라는 사실**이 배제된 채 다른 기준에서 지나치게 많은 결정이 내려지고 있다는 사실이다. 이 책의 요지는 이것이다. 하나님을 우리 예배하는 삶의 중심에 둔다면 그분의 무한한 임재를 경험하고 표현할 수 있는 무수한 가능성과 한없는 자원과 수 없이 많은 방법을 발견하리라는 것이다. 교인들이 무한한 하나님의 계시를 탐구하면서 고귀하게 시간을 '낭비'하려고 매주 모여 진지한 모임을 갖는다면 잘못된 질문과 세상 사람들의 생각과 문화의 압력과 비성경적 해결책을 놓고 벌이는 논쟁이 그칠 것이다.

골로새서 3:12은 우리를 "하나님이 택하사 거룩하고 사랑받는 자"(개역개정판)라고 말한다. 얼마나 은혜로운 트리오인가? 하나님께서 아버지의 무한한 보살핌과 지혜로 우리를 택하여 그분의 소유로 삼으시고 그분의 목적을 이루게 하셨다. 하나님은 예수 그리스도의 삶과 고난과 죽음과 부활을 통해 우리를 거룩한 존재로 구별하셨다. 하나님은 우리가 그분의 사랑받는 자라는 사실을 가르치려고 우리의 삶과 공동체에 성령을 부어 주셨다.

우리가 선택받은 것은 우리가 위대해서가 아니다. 우리가 거룩한 것은 우리가 거룩하게 행동해서가 아니다. 우리가 사랑받는 것은 우리가 사랑받을 자격이 있어서가 결코 아니다. 하나님께서 우리를 택하셔서, 부르시고, 거룩하게 하시며, 우리에게 은혜를 베푸시기 때문이다. 오늘 우리가 이러한 인식에서 출발하는 것은 이러한 인식이 있을 때 우리의 모든 일이 '고귀한 시간 낭비'가 되기 때문이다. 우리가 내로라 하는 훌륭한 음악가나 아무리 대단한 사람이라 해도, 또 우리가 하는 그 어떤 일도 우리에 대한 하나님의 생각을 바꿀 수 없다!

그 때문에 우리는 하나님을 예배한다. 우리는 하나님의 크신 은혜에 찬양과 재능으로, 섬김의 삶으로, 우리에게 가능한 한 최고의 음악으로 반응한다. 이것이야말로 가장 멋진 시간 낭비다. 이것은 우리의 삶을 아낌없이 낭비하면서 자신을 불꽃으로 채우는 것이다. 우리는 말로 표현할 수 없을 정도로 경이롭고 경외로운 하나님의 은혜로 다른 사람들과 우리 자신까지 놀라게 하려고 가장 멋진 노래를 부르고 천국의 새 노래를 연주한다. 이런 주제에 집중하면서 어떻게 열정적이지 않을 수 있겠는가?

우리는 찾을 수 있는 가장 뛰어난 음악을 선택한다. 우리는 음악가로서 연습과 발전을 통해 얻을 수 있는 최고의 기량으로 그 음악을 노래하거나 연주한다. 우리는 모든 예배자들이 그 음악에 최대한 깊이 빠질 수 있도록 최선을 다한다. 그러나 이 모든 것은 여전히 시간 낭비다. 우리가 하나님을 위해 자신의 삶을 헌신한다고 해서 하나님께서 우리를 조금이라도 더 사랑하시거나 우리에게 조금이라도 더 큰 축복을 베풀지는 않으실 것이다. 왜냐하면 그분은 이미 우리가 상상하거나 바랄 수 없을 만큼 우리를 무한히 사랑하시며 우리에게 많은 복을 주시기 때문이다.

이것이 '고귀한 시간 낭비'인 것은 우리가 하나님의 나라에, 세례를 통해 거듭나서 들어간 그 나라에 참여하고 있기 때문이다. 하나님은 우리를 그 나라의 시민으로 선택하셨고, 그 나라의 목적을 위해 구별하셨으며, 사랑받는 자로 삼으셨다. 이것이 고귀한 시간 낭비인 것은 지금 하나님의 나라에서 살기 위해서는 우리 자신과 자아에 대해, 우리의 목적과 성취에 대해 죽어야 하기 때문이다. 마태복음 10:39이 말하듯이 오직 우리의 생명을 잃을 때만, 우리의 시간을 낭비할 때만 참으로 생명을 찾을 수 있다.

우리가 하나님의 임재 속에 들어가는 한 방법은 개인적인 예배든 전체 예배든 간에 예배를 통하는 것이다. 왜 이른 아침 시간을 (또는 어느 시간이든) 성경을 읽고 기도하는 데 낭비하는가? 왜 주일 아침을 공적 예배로 낭비하는가? 하나님을 더 아름답게 찬양하려고 연습하는 일이나 그분의 영광을 찬양하려고 새로운 음악을 작곡하는 일이나 회중의 찬양을 이끌 성가대를 연습시키는 일에 왜 우리의 삶을 낭비하는가? 이보다 중요한 일, 즉 우리와 직접 관련된 일, 시기적절한 일, 우리에게 도움이 되는 일은 얼마든지 있다.

그러나 우리가 소리 높여 찬양하기 원하는 분이 온 우주의 왕이라면 우리의 삶을 그분에게 낭비하는 것은 대단히 영광스러운 일 아닌가? 우리의 모든 음악은 우리가 그분 안에 거하게 한다. 우리의 말씀 묵상과 연구와 기도뿐 아니라 우리의 연습과 음악 분석과 준비는 우리를 그분의 임재의 광휘 속으로 인도한다.

요즘 많은 교회에서 예배 때 어떤 종류의 음악을 사용할 것인지를 놓고 갈등한다. 그러나 골로새서 3:12-17이 우리에게 던지는 질문을 진지하게 생각해 본다면 그런 갈등을 대부분 피할 수 있으리라 확신한다. 우리는 어떤 종류의 음악이 주변 세상에 더 호소력이 있는지를 묻는 대신에 무엇이 우리를 하나님의 말씀에 가장 깊이 잠길 수 있게 하는지를 물어야 한다. 무엇이 말씀을 가장 잘 표현하는가? 무엇이 말씀의 아름다움과 신비, 말씀의 무한함과 풍성함을 가장 잘 전달할 수 있는가?

예배는 그리스도인으로 살아가려는 열정을 심어 주고, 더 열정적인 예배로 나아가게 하는 고귀한 시간 낭비다. 예배는 시대에 뒤지며, 비효율적이고, 강하지 못하며, 볼 만하지도 않고, 생산적이지도 못하며, 때로는 우리 자신들에게조차 만족스럽지 못하다. 그럼에도 불구하고 예배는 세상을 변화시킬 수 있는 유일한 소망이기도 하다.

나의 한 가지 소망은 이러한 논의들이 교회 안에서 **경이감의 부활**로 이어지는 것이다.

2.

우리를 둘러싸고 있는 포스트모더니즘 세계는
안정, 도덕, 안전, 성실, 믿음, 소망, 사랑을 갈망한다.

교회가 다른 길을 보여 주는 창문 대신에, 주변 사회를 그대로 비추는 거울을 들고 있을 때가 얼마나 많은가?

*필립 얀시

교회가 포스트모더니즘 시대에게 주는 선물

예배를 둘러싼 핵심 논점은 이웃에게 무엇이 필요하며, 교회가 그것을 어떻게 채워 줄 수 있는지에 관한 것이다. 대체로 열거되는 필요들로는 모든 사람이 받아들일 수 있는 음악을 사용하고, 한 사람이라도 소외시킬 수 있는 죄에 대한 언급을 피하며, 훌륭한 탁아 시설과 넓은 주차장을 갖추는 것 등이 있다. (이밖에도 예배와 관련이 없으면서도 열거되는 것으로는 젊은 엄마들을 위한 모임, '역동적이고 흥미진진한' 청소년 프로그램, 어린이집, 젊은 미혼자를 위한 다양한 이벤트 등이 있다.)

나는 위에 언급한 것들을 고려해 볼 필요가 있다는 데 동의한다(죄에 대한 어떤 언급도 피해야 한다는 부분은 제외하고). 그리고 이 가운데 이웃에게 진정한 사랑을 가장 잘 표현할 수 있는 방법이 있다면, 교회는 당연히 그 방법을 시행해야 할 것이다. 그러나 이러한 표면적 필요에 매달리다가 이 시대 사람들의 깊은 필요를 놓쳐 버릴 때가 많다.

우리는 교회의 종교적 전통이 왜 그들의 '진정한 영적 필요'

를 충족시켜 주지 못하는지 물어 보아야 한다. '포스트모더니즘 문화의 영적 상황'은 어떠하며, 그리스도인들은 포스트모더니즘에 어떻게 반응해야 하는가? 대중적 영성으로 예시되는 포스트모더니즘 상황에 사는 사람들은 어떤 필요와 염려를 느끼는가? 그리스도인들은 이런 상황에서 살아가는 이웃을 어떻게 사랑할 수 있는가? 그들이 전심으로 수용할 수 있는 기독교를 제시하려면 어떤 노력이 필요한가?

'포스트모더니즘'postmodernism이란 말은 다양하게 사용되며, 포스트모더니즘의 세계관, 태도, 관심사 등 다양한 개념을 그 안에 포함하고 있다. 그리고 이것은 전 세계에 급속히 확산되고 있으며, 현대 생활에서 중요한 모든 부분에 영향을 끼치고 있다. 포스트모더니즘은 역사학자들로 하여금 사건의 재해석을 요구하며, 사회를 자신의 이야기를 요구하는 희생 집단으로 지속적으로 세분화시킨다. 포스트모더니즘 철학자들은 진리의 상대성을 절대화하고, 오락성을 강조하며, 말할 때 경구警句를 임의적으로 사용한다. 포스트모더니즘 이론을 수용하는 영어 교사와 시각 예술가visual artists는 본문이나 그림 자체에는 아무런 의미도 없고 단지 독자나 관객이 부여하는 의미만 있을 뿐이라고 주장한다. 포스트모더니즘적 사고는 한때 대학의 인문학과 교수들과 엘리트 계층에 국한되었으나 지금은 과학을 포함한 전 영역에 그 영향을 미치고 있다.

여기서 우리의 관심은 포스트모더니즘의 철학적, 학문적 표현에 있는 게 아니라 포스트모더니즘 사고가 보통 사람에게 미치는 영향에 있다. 요즘에는 어린아이들조차 포스트모더니즘의 상황을 경험하고 거기에 반응하기 때문이다. 여기서 나의 관심은 어떻게 포스트모더니즘의 관념이, 빈번하게 우리도 알지 못하는 사이에 거리를 강타하고, 아이들의 세계관을 형성하며, 예배자들(또는 결석자들)에게 영향을 미치는지에 있다. 이러한 관념은 기독교 공동체가 섬기려는 사람들의 기본 전제와 태도에 어떤 영향을 미치는가? 상황 자체에 대한 설명은 자세히 하지 않겠지만, 그 대신 기독교가 이런 상황에 어떻게 반응해야 하며, 그리스도인들이 포스트모더니즘 세계에서 각자 사명을 감당할 준비를 시키기 위해 교회 지도자들이 할 수 있는 일이 무엇인지 생각해 볼 수 있도록 일반적 사회 구조를 폭넓게 그려 보고자 한다. 우리는 참된 교회를 이루려고 노력하면서, 우리 사회에서 절망과 허무주의를 내쫓기 위해 우리가 할 수 있는 일이 무엇이고, 포스트모더니즘 상황에서 고통당하는 사람들을 진정으로 돌볼 수 있는 방법이 무엇인지를 반드시 알아야 한다.

철학자들이 포스트모더니즘 시대의 삶에 대한 자신들의 평가와 접근을 묘사하기 위해 임의적random, 장난playfulness, 농담banter과 같은 단어를 사용한다 하더라도 포스트모더니즘이 젊은이들에게 미치는 영향은 대참사, 혼돈, 그리고 무질서에 더 가까워 보인다. 이 시대의 아이들에게는 모더니즘 사회에서 찾아볼 수 있었던 도덕적 인격 형성을 도와 주는 권위가 없기 때문에, 그들은 아름다운 것에서 어떻게 기쁨을 찾고, 고통당하는 사람들을 어떻게 불쌍히 여기며, 자신의 일과 삶의 목표를 어떻게 발전시켜 나가야 하는지를 아는 기본적인 소양을 갖추지 못했다.

이로 인해 우리 사회가 점점 더 심하게 분열되고, 의미 찾기를 거부하고, 절망과 공허와 권태에 빠지며, 도덕적 공감대와 헌신을 상실하고, 무기력과 무질서에 빠지며, 권위와 모든 진리 주장을 거부하는 상태, 즉 포스트모더니즘의 상황으로 야기된 파괴적인 영향들을 보면서 교회는 무엇이 되어야 하며 무엇을 해야 하는가?

최근 몇 년 사이에 많은 교회들은 질병 자체가 아니라 단지 증상에만 반응함으로써 이러한 변화가 갖는 신학적, 교회론적, 선교적 의미를 충분히 생각하지 않은 채 급격하게 방향을 전환했다. 다음에 나열한 것은 지나치게 개략적이지만 반드시 짚고 넘어가야 할 움직임을 요약해 준다.

- 진리가 상대화되는 현실에서, 어떤 목회자와 음악가들은 진리를 더 많이 제시하는 것이 아니라 더 적게 제시하며, 신학자가 아니라 치료자가 되어 간다.
- 오락과 유희의 급격한 증가에 발맞추어, 어떤 예배 인도자들은 오락적 형식을 위해 내용을 희생하며 '예배와 전도', '전도와 마케팅'을 혼동한다.
- 사회가 더 공개적으로 다원화되고 특별히 기독교에 점점

비우호적이 되어 가는 때에, 어떤 교회들은 사랑의 헌신을 통해 하나님의 백성이라는 자신의 특별한 정체성을 강화해 나가는 것이 아니라 오히려 그 정체성을 퇴색시킨다. 진지하기만 하면 그리스도인이냐 아니냐는 중요하지 않다고 말하는 것은 복음을 부끄러워하는 태도이며, 우리의 특별한 신분을 깎아 내리는 일이다.

● 문화가 점점 뿌리를 잃어 가면서, 어떤 교단과 교회는 오랜 역사와 세계적인 연계성을 갖춘 공동체로서 자신의 유산을 포기하고 있다.

● 문화가 도덕적 권위를 잃고 있는 때에, 어떤 교회들은 자신들이 성경의 말씀으로 형성된 한 백성이라는 정체성을 포기한다.

● 점점 거세지는 선택의 요구에 응하면서, 어떤 교회들은 정말 필요한 것을 끌어안는 대신에 '느껴지는 필요'를 따라가는 소비주의를 부추긴다. 이와 관련하여 교회들은 교리와 의식까지도 다수결로 결정하는 민주주의 단체로 바뀐다. 그리스도의 몸의 특징을 선택이라고 규정하는, 이러한 사상이 초래하는 한 가지 결과는 입맛을 둘러싼 치열한 다툼이다. 또 다른 결과는 치료를 중시하는 우리의 사회에서, 하나님께서 그리스도인들이 더 지혜로울 수 있다고 거듭 가르치셨음에도 불구하고 사람들은 감정적인 응석이 '필요하다고' 생각한다는 점이다. 우리는 어려움에 직면했을 때 의지가 감정보다 강하다는 것과 믿음은 끝까지 하나

님을 신뢰하게 만든다는 것을 배운다. 단지 느껴지는 필요와 선택에 따라 사역하는 것은 예배자들로부터 진리를 빼앗는 것이며, 또한 자신의 감정보다 의지를 사용하기 위해 필요로 하는 성숙함을 빼앗는 것이다.

우리 예배는 오직 진리만을 담아야 한다. 음악, 노래, 성경 공부, 설교, 예전禮典의식, 건물, 예배 인도자들의 의복과 몸짓과 분위기 등은 모두 하나님께서 우리를 초대하시고 우리에게 계시하시며 우리를 빚으시는 도구이다. 우리가 얕은('단순한'이라고 말하지 않음에 유의하라) 예배 재료를 사용한다면 그것들은 하나님에 관한 진리를 나타내지 못할 것이다. 이러한 얕은 재료를 사용하면 얕은 신학이 형성되고, 우리는 겉모습만 그럴 듯하게 빚어질 것이다. 저속한 노래나 감상적인 가사나 하찮은 음악은 하나님의 불변하심과 성실하심을 잘 드러내지 못할 것이다. 설교자의 유창한 언변이나 단지 청중의 가상적이거나 피상적인 필요에 주의를 집중시키는 설교는 우리의 참된 필요—회개를 위한 통찰, 지속적인 용서, 진정한 안전, 무조건적인 사랑, 절대적 치료, 신실한 임재, 열매 맺는 자유, 설득력 있는 동기와 일상생활의 분명한 인도, 영원한 소망에 대한—를 충족시키기 위해 성경의 말씀이 우리를 빚는 힘을 회중에게서 빼앗아 버린다.

예배가 우리에게 모든 진리를 줄 수는 없다. 그러나 예배가 결코 진리가 아니거나 진리에 미치지 못하는 것을 제공해서는 안 된다. 우리의 유한한 지성이 하나님에 관해 배워야 하는 모든 것을 단숨에 배울 수는 없지만, 우리는 공동체가 모일 때마다 우리의 진리의 창고를 조금씩 더 채울 기회를 갖게 된다. 예배 인도자들은 오직 하나님의 은혜와 기도와 기독교 공동체 전체의 도움이 있을 때 가능한 한 많은 진리를 제시하는 예배를 준비할 수 있다.

포스트모더니즘은 과거와 권위를 부정한다. 그러나 교회 안에 있는 우리는, 교회가 존재하는 동안 축적된 지혜와 교회가 오랜 역사를 통해 찬송가와 예전과 해석의 형태로 좋은 것과 덜 좋은 것을 분류해 놓은 것이, 우리가 계획을 세우는 데 크게 도움이 된다는 사실을 깨닫는다. 이제 하나님을 계속해서 우리 예배의 주체/객체(대상)로 모시고, 각 성도의 신실한 성품을 길러 주며, 우리가 알고 있는 진리를 들고 나아갈 수 있도록 기독교 공동체를 빚어 나가면서, 진실된 것을 선택하기 위해 새로운 것을 분류하는 게 우리의 책임이다.

포스트모더니즘 시대의 사람들에게 하나님의 진리를 전하는 가장 설득력 있는 방법은, 성경에 의해 '교회'로 빚어지고 있는 사람들로 구성된 기독교 공동체를 통해 하나님의 사랑을 구현하며, 그 공동체에서 그분의 목적을 이루는 것이다. 'X세대'와 '난장판 세대'(20대와 30대 젊은이들)에 관한 많은 책은, 특히 그들에게 사랑과 동정이 필요하며, 그들의 감정이 뿌리와 안식처를 찾지 못하고 있다는 점을 강조한다. 그들은 진정한 공동체를 찾고 있지만, 사이비 집단의 강압적인 교리 주입이나 인터넷의 대중적 영성에서 그런 공동체를 찾을 수는 없을 것이다. 온라인 매체 자체는 "조작되고 임의적이며 인위적이라는 증거, 걸린 것이나 결과물도 전혀 없이 진행되는 게임에 불과하다는 증거가 끊임없이 나타난다." 온라인상의 의식儀式은 '물리적 실재의 특성'을 갖지 못한다.

기독교 공동체가 포스트모더니즘 사회를 위한 참된 선물이 되려면, 우리의 이야기와 거기 등장하는 하나님에 대한 신뢰와 구체적인 충성을 갖춘 의도적인 대안 사회가 되어야 한다. 그리스도의 몸을 이루는 지체는 물질적 소비주의, 자아도취적인 자기 과시, 표면적 치장, 순간적 만족과 같은 세상의 가치관에 물들거나 사로잡히지 말고 그리스도의 단순한 나눔의 삶, 다른 사람들을 위해 기꺼이 고난 받는 그분의 자세, 그분의 열린 마음, 그분의 영원한 목적을 선택함으로써 참된 교회가 되어야 한다. 기독교 공동체 지도자들은 기독교의 핵심 진리를 전하고, 주변 세상을 하나님의 사랑으로 끌어안으며, 하나님 나라의 대안적 가치관을 의도적으로 선택하고 삶에 옮기는 사명을 감당할 수 있도록 지체들을 지속적으로 훈련시켜야 한다.

대중적 '영성'에 대응하기 위해서는 신실한 지도자에게 훈련받는 사람들—진정한 '교회'가 되며, 따라서 자신들의 믿음을 세상 가운데 구체적으로 보여 줄 수 있는—이 필요하다.

공동체가 예배로 모이는 것은 우리의 제사장들과 선지자들의 권고와 도전에서, 다시 듣는 하나님의 말씀에서, 기독교의 믿음을 노래하는 새로운 찬송과 옛 찬송에서, 우리의 위대한 신조와 교리를 암송하는 데서, 하나님의 신실하심과 그에 대한 반응으로써의 신실한 기도에서 우리의 이야기를 듣기 위해서다.

우리 예배의 초점이 계속해서 하나님께 맞춰진다면 예배자들은 세상을 향해 하나님의 증인으로 더 잘 무장될 수 있을 것이다. 가족과 이웃과 직장 동료들에게 하나님을 소개하고 그들을 위한 하나님의 선물을 제시하기 위해서는 그분의 약속, 그분의 성품, 세상에 대한 그분의 개입, 우리 현실의 기초가 되는 그분의 진리에 대한 이해를 항상 넓혀 가야 한다. 말씀에 의해 형성된 인격을 통해, 성경에 대한 충실한 해석을 통해, 그 결과로 나오는 건전한 교리를 통해 하나님의 사랑에 반응하는 우리의 사랑이 넘쳐날 것이다. 이런 인격은 하나님 은혜의 힘을 아는 용서, 예수님의 본을 따르는 행동, 그리고 보혜사 성령이 주시는 위로와 긍휼을 나타낼 것이다.

물론 교회가 그리스도인을 양육할 수 있는 시간이 예배 시간뿐이라면 그리스도인의 강한 인격이 형성되기는 어렵겠지만, 그렇다고 예배가 인격에 미치는 미묘한 영향을 무시해서는 안 된다. 우리가 자아도취적인 노래만 부른다면 감정에 의존하게 되며, 외향적인 대신에 내향적인 신앙이 길러질 것이다.

진리이며 따라서 인격을 형성하는 예배는 교회의 주요 이슈가 되어야 한다. 왜냐하면 세상이 경박함이나 얕음이 아니라 깊음과 신실함으로 양육된 사람을 간절히 필요로 하기 때문이다. 성도들은 이웃에게 증거하고 이웃을 섬길 수 있도록 예배를 통해 믿음의 진리로 무장되어야 한다. 교회에는 예배자들이 필요하다고 느끼는 것이 아니라 그들에게 정말 필요한 것을 주고, 그들의 빈궁함을 채워 주기 위해서가 아니라 그들에게 없어서는 안 될 것을 주기 위해, 설교자뿐 아니라 매우 신실한 음악가도 필요하다.

디모데후서 3:14-17은 성령으로 훈련받을 것을, 다시 말해 성경을 알고 성경에 의해 빚어지며, 어둠 속에서 뛰어내리는 것처럼 무모하게 '믿지' 않고 몸에 밴 신앙과 이기적이지 않은 성품을 기를 것을 권한다. 이런 훈련은 부모 세대보다 우리에게 더 필요하다. 왜냐하면 오늘날의 사회는 더는 이런 훈련을 지원하지 않으며, 복음과 동떨어진 매우 많은 문화 세력이 우리 삶을 침범하면서 순응을 강요하기 때문이다.

하지만 오늘날 많은 회중들은 단지 여러 사회적 이슈들에 대한 '공청회'에 참석하거나 특정한 의견 제시 없이 다양한 의견들을 나열해 주는 설교를 들으려 한다. 그들은 참된 기독교적 사고의 기초를 놓기 위해, 또 우리 일상생활의 여러 문제들에 대해 하나님 나라의 가치관을 가지고 행동하는 하나님 백성으로 빚어지기 위해 성경에 대한 깊은 해설을 요청하지 않는다. 도대체 왜 많은 교회에서 사용하는 새로운 음악과 옛 음악에서 신학적 깊이, 성경적 이미지, 증거라는 하나님의 목적을 위한 동기 부여, 정의의 확립, 세상의 평화 이루기 등은 찾아볼 수 없는가? 우리 예배는 사람들을 어떤 모습으로 빚고 있는가?

나는 예수님께서 이 땅에 계실 때, 우리가 진리로 거룩하게 되고, 그런 후에는 세상에 나가 그 진리를 증거할 수 있도록 하기 위해—그분의 제자들의 증거를 통해서 그분을 믿을 자들을 위해—기도하셨다고 믿는다(요 17:17-21). 이는 예배에 대한 멋진 묘사다. 하나님의 은혜로운 초청과 그리스도의 중보와 성령의 능력 주심으로, 우리는 신실한 증인들이 전해 준 성경의 내러티브에서 삼위일체 하나님을 배우는 일에 기쁘게 참여한다. 우리는 성도의 공동체로 모여 예배의 음악과 말씀으로 선포되는 진리로 빚어지며, 그 결과 그리스도인으로서 우리의 인격에서 나오는 우리의 말과 행동을 통해 세상을 향한 증거가 될 것이다.

우리를 둘러싸고 있는 포스트모더니즘 세계는 안정, 도덕, 안전, 성실, 믿음, 소망, 사랑을 갈망한다. 이런 깊은 갈망은 진리에 대한 우리의 가장 깊은 필요를 아시는 분을 통해서만 충족될 수 있다. 우리가 계획하고 드리는 예배가 진리의 명쾌함과 아름다움과 선을 드러내게 하자.

3.

텔레비전은 정보를 받아들인 후 그대로 버리기만 하고
그 정보에 근거한 행동을 전혀 취하지 않도록 사람들을 훈련시킨다.

매스 미디어는 욕구를 탐욕으로 악화시킨다. 미디어는 불안을 다루면서 더 큰 불안을 낳으며, 근심을 다루면서 더 큰 근심을 낳는다. 미디어는 '오락'의 가치를 '경쟁'으로, '휴식'의 가치를 '도피'로 바꾸어 버린다. 무엇보다도 가장 나쁜 것은, 미디어가 우리의 경험을 제한하고 현실 세계를 미디어 세계로 대신해 버림으로써, 우리가 복잡한 세상에서 사는 데 필요한 정확한 가치 판단을 점점 더 어렵게 만든다는 사실이다.

*윌리엄 포어

TV가 예배에 미치는 10가지 해악

오늘 아침 NPR^{Nation Public Radio}에서 한 예일대 의대 교수가 새로운 관찰 기술을 가르치기 위해 학생들을 미술관에 데려간다는 내용의 짧은 인터뷰를 들었다. 그는 요즘 의사들이 실험실의 결과와 영상 진단과 그 이외의 기술적 도구에 지나치게 의존한 나머지 환자들을 제대로 살피지 않으며, 특히 의대 신입생들은 감각을 사용하는 데 거의 문외한이라고 개탄하였다. 그래서 그는 학생들에게 그림 보는 법을 가르침으로써 시각을 제대로 사용할 수 있도록 하는 프로그램을 실시하려는 것이었다.

어느 신학교에서 '예배의 음악과 미술' Music and the Arts in Christian Worship이라는 과목으로 단기 코스의 강의를 마친 후 한 학생의 평가에 나는 깜짝 놀란 적이 있다. 나는 모든 감각을 동원하려고 온갖 종류의 자료를 사용했지만, 한 학생이 "(말 그대로) 멀티미디어를 사용했더라면 강의가 더 좋았을 거라는 생각이 듭니다"라고 했다. 그 말에, 스크린에 푹 빠진 우리 문화의 파괴적인 영향에 대한 나의 염려는 더욱 깊어졌다. 이 강의를 하면서 학생들이 더 많은 감각을 사용할 수 있도록 다양한 미디어 활용을 포함시키려는 생각도 했지만, 학생들을 더 깊이 집중하게 하고 가능한 한 직접적인 참여를 유도하기 위해 다양한 요소를 분리하여 사용했다.

사흘 동안 강의하면서 히브리 시편 찬양, 그레고리 성가, 라틴 미사곡, 바하의 칸타타, 초기 미국 음악, 현대적인 곡조의 예레미야 애가, 러시아 정교회 음악, 미국 흑인 영가, 현대의 오르간과 브라스 밴드 연주곡 등 시대를 아우르는 10여 장의 음악 CD를 틀어 주었다. 또한 삼위일체에 대한 그림들, 깃발 문양, 예전의 색상, 역사의 십자가, 성상聖像을 포함해서 만질 수 있고 눈에 보이는 다양한 것들을 소개했고, 헬라의 합창 형식을 모방하여 열 명의 낭독자를 세 그룹으로 나누어 성경을 읽게 하는 드라마틱한 성경 낭독법을 시도했다. 그리고 서로 다른 스타일의 음악, 특히 참석자들의 신체적인 움직임을 요구하는 세계 교회world Church의 음악을 사용하여 아홉 번의 짧은 예배를 드렸고, 네 명의 신학생들에게 의식적인 춤을 요구하기도 했으며, 강의실을 향기와 불빛으로 채우기 위해 촛불을 켜기도 했다. 다만 함께 성찬식을 행할 수가 없어서 미각을 활용하지 못한 것이 아쉬웠다.

그러나 우리 문화는 텔레비전에서 가하는 과장되고 격앙된 사운드와 이미지의 지속적인 포격과 '가상 현실'에 지나치게 길들여져 있어서, 몇몇 학생은 강의 중에 제공된 진정한 멀티미디어에 집중하거나 참여할 수 없었다. 우리 사회의 사람들 대부분에게 멀티미디어라는 용어는, 다양하게 혼합된 미디어의 활용이 아니라 단순히 멀티 스크린과 빠른 속도의 이미지/사운드 변화를 의미할 뿐이다. 나는 우리 문화에서 훈련받은 사람들이 무엇인가 스크린에 나타나지 않으면 더는 그것을 감상할 줄 모르는 현실을 슬퍼하는 많은 사람들 가운데 한 명이다.

당신은 예배에 관한 책에서 왜 이런 주제가 중요하게 다뤄지는지 의아해 할 것이다. 대부분의 사람들은 텔레비전 시청이나 인터넷 서핑이 기껏해야 무해한 시간 낭비일 뿐이며, 잘 하면 유용한 정보 수집을 위한 좋은 수단이라고 생각한다. 그러나 이 문제는 중요하다. 우리의 자녀들은 고요함에 푹 빠질 줄 아는가? 우리는 시간을 부주의하게 낭비하는 대신 고귀하게 낭비할 줄 아는가? 우리는 하나님 앞에서 집중하며, 묵상하며, 숙고하며, 명상하며, 놀라며, 공손하며, 경외감을 느끼며, 침묵을 소중히 여길 줄 아는가? 우리는 맛과 향기에서 하나님의 경이로운 창조를 느끼며, 예술품의 아름다움을 보며, 자연의 음색과 공명과 음조를 들으며, 우주의 옷자락을 만지며, 인간의 천재적인 작품을 감상할 줄 아는가?

우리는 미술관에 가서 유명한 그림들의 거대함과 신비스런 붓놀림과 아름다운 색조를 직접 확인하는 대신 스크린으로 보길 더 좋아하는 세대를 양육하고 있다. 어떻게 사람들은 멜로디가 오케스트라의 한 파트에서 다른 파트로 옮겨 다니는 것을 보거나 양 끝이 서로 대비를 이루는 것을 느낄 수 있는 콘서트홀의 살아 있는 음악보다 스크린에 영상이 뜨는 CD의 조그마한 소리를 더 좋아할 수 있을까? 음악 CD의 사운드가 값싸고 사용하기가 편한 것은 사실이다. 그리고 CD에 담긴 연주는 반복과 수정을 통해 완벽하게 만들어진 것이다. 그러나 그것을 듣는 사람은 인간의 노력을 통해 나타나는 긴장과 시련, 희생과 환희를 놓쳐 버린다. 주일 예배로 넘어와서 본다면, 완벽한 사운드 트랙의 발전으로 인해 많은 예배자들이, 가끔 실수를 하는 음악가들과 전문가 수준에 못 미치는 찬양대, 가끔 더듬거리는 설교자 같은 진정한 공동체적 삶의 엄연한 현실에 불만을 느낀다.

이 책을 통해 문화 전체를 바꿀 수는 없다. 물론 CD와 영화와 컴퓨터와 기술적 도구와 장난감의 놀라운 유익을 부정하는 것은 아니다. 그러나 내가 늘 강조하는 것은 그 이면이다. 왜냐하면 우리 사회의 기술화가 낳은 긍정적 효과에 비하면, 파괴적인 효과는 훨씬 덜 강조되었기 때문이다.

지금 우리가 사는 세상에서 일어나는 일을 진지하게 살펴보면 놀랄 수밖에 없다. 정보 고속도로가 가정까지 연결되어 있고, 5백 개의 텔레비전 채널이 있으며, 이 책이 출판될 때쯤이면 고화질 텔레비전을 쉽게 구할 수 있을 것이고, 교회 어린이들은 미디어 참여를 위한 온갖 새로운 기회에 노출되어 있으며, 사이버 공간은 전혀 새로운 가상 현실을 약속한다.

우리와 교회는 기술 시대의 위험과 그리스도인들이 현재의 미디어 혁명 가운데서 무엇을 해야 하는지를 알아야 한다. 문제를 정면으로 돌파해 보자. 사람들이 텔레비전 때문에 교회 예배를 불만족스럽게 여긴다면, 예배를 텔레비전에 더 가깝게 바꿔야 하는가? 아니면 예배의 광휘가 사람들에게 텔레비전에 대한 더 나은 질문을 하도록 만들어야 하는가?

미국 가정의 98.3%가 텔레비전을 갖고 있으며, 가구당 평균 2.2대를 보유하고 있는 현실에서, 나는 텔레비전이 사회화의 주요 요인이 아닌지 묻지 않을 수 없다. 연구 결과에 따르면, 보통 가정에서는 하루 7시간 이상 텔레비전을 켜 놓고 있으며, 한 사람이 대략 하루에 4시간 30분 정도 본다. 또한 대략 50만 개 정도의 광고를 보고, 자유 시간의 80%를 텔레비전을 보면서 보낸다. 대부분의 연구에 따르면, 매일 부모와 자녀가 함께 나누는 양질의 시간은 대개 몇 분에서 심지어 몇 초밖에 되지 않는다. 이러한 현실에서, 우리는 텔레비전이 자녀들의 인격 형성에 미치는 영향을 반드시 생각해야 하며, 그렇지 않을 경우 우리의 교회 됨은 심각한 실패를 맛보게 될 것이다!

텔레비전에도 분명히 긍정적인 면이 있다. 텔레비전은 사람들의 탈출과 휴식을 도와 준다. 그러나 그러한 탈출이 폭력과 성적 부도덕, 탐욕과 영구적인 수동성을 조장한다면 결코 무해한 것이라고 할 수는 없다. 또한 텔레비전은 '외로움, 가난, 질병, 실직, 사랑하는 사람을 잃음, 이혼, 그 외 비슷한 문제 때문에 생기는 (인간의) 소외감이나 좌절감에 대한 심리적 보상psychological compensation'을 제공하지만, 우리는 그러한 회복을 가능하게 하는 좀더 건강한 방법이 있지 않겠느냐는 의문을 갖게 된다. 텔레비전을 보는 대신 우리가 깊은 우정을 회복하고 이웃을 돌보고, 교회가 예수님께서 그분을 위한 참된 선물이라고 말씀하신 긍휼과 사랑으로 외로운 사람들과 실직자들과 병든 자들과 가난한 자들을 끌어안는다면 어떤 일이 일어날까? (마 25:31-36을 보라.)

텔레비전이 사람들에게 안전감과 안정감, 소속감, 정보, 풍부한 상상의 세계를 제공하며, 현실 대처법―무슨 옷을 입고, 어떻게 말하며, 화장실 청소를 어떻게 하는지 등―을 가르쳐 준다

요약하면 텔레비전은 우리가 매일 세상을 해석하는 데 사용하는 세계관과 상징 체계를 준다. 이러한 방향 제시orientation와 과정process은 매우 위험한데, 이렇게 형성된 대부분의 가치관이 그리스도의 메시지와 하나님 나라의 우선순위와 맞지 않기 때문이다.

한 사람이 일주일에 평균 28시간 동안 텔레비전을 본다는 사실과 비교해 볼 때, 짧은 예배가 참석자들에게 일상생활의 해석을 위한 또 다른 세계관과 상징 체계를 주입하는 것은 거의 불가능하다. 예배가 텔레비전의 몇몇 가치관을 확대한다면 어려움은 가중된다. 따라서 우리는 이러한 특별한 위험에 좀더 깊게 주목해야 한다.

아래에서 매스 미디어 소비의 10가지 위험과 광휘에 찬 예배가 어떻게 그러한 문제들을 해결하는 해독제(많은 해독제 가운데 하나)가 될 수 있는지 간단히 살펴보고자 한다.

1. 미디어 선택권의 증가로 발생하는 가장 큰 문제는, 텔레비전 소비에서 가장 분명하게 드러나듯이, 그에 몰두하여 **지나치게 많은 시간을 낭비한다**는 것이다. 교회 사역자들은 교회의 여러 일에 잘 참여하지 않는 사람들이 "시간이 너무 없어서요"라고 변명하는 것을 수없이 듣는다. 20년 전에 보통의 미국인이 한 해 동안 텔레비전을 보는 시간이면 보통 속도로 성경을 15번 읽을 수 있었다! 텔레비전 소비가 극적으로 늘어난 지금은 어떻겠는가? 성경 읽기는 오히려 1960년대에 비해 반으로 줄어들었다. 그 외의 레저 활동, 특히 가족간의 대화와 교인들 간의 섬김도 상당히 줄어들었다.

나의 요점은 텔레비전이 시간을 낭비하도록(고귀한 의미에서가 아니라) 우리를 훈련시킨다는 것이다. 또 텔레비전 시청은 우리도 모르는 사이에 우리의 많은 인격적 특성을 조장한다. 다음에서 살펴보겠지만, 그 가운데 많은 경우 우리의 예배 기술에 파괴적인 영향을 미친다.

그렇다고 그리스도인의 삶에 여가 시간이 없어야 한다고 주장하는 것은 아니다. 시간 낭비 그 자체는 본래 위험한 것이 아니다. 사실 하나님의 광휘에 잠기는 예배는 '고귀한 시간 낭비'며, 특별히 그리스도인들과 유대인들은 분주한 일상생활 가운데 하루를 온전히 구분하는 것이 절대적으로 필요함을 잘 알고 있다. 그러나 안식일은 도피주의자의 시간 낭비가 아니라 온전한 하루 동안의 진정한 쉼이다.

2. 텔레비전 시청은 **상상력을 자라지 못하게 한다**. 특히 비행기로 여행을 할 때 이 사실을 쉽게 확인할 수 있다. 가정에서 늘 미디어에 빠져 사는 사람들은 혼자서 즐겁게 시간을 보낼 줄 모른다. 아이들은 전자 오락기가 없으면 어떻게 놀아야 할지 모르고, 창 밖의 자연을 내다보는 데 전혀 관심이 없으며, 조리 있게 말할 줄도 모르고(폭력을 사용하지 않고는), 책을 읽으려고 하지도 않는다. 어른들은 기내 영화나 '단편 영화' 또는 텔레비전 재방송이 꼭 필요하며, 그런 서비스가 제대로 이루어지지 않을 때는 대단히 짜증을 내며 불평을 한다. 예배에 대한 위험도 마찬가지다. 모든 것이 우리 눈앞에 제시되어야 한다면, 어떻게 본문에 주의를 집중하거나 모세나 제자들을 상상하거나 하나님의 임재를 묵상할 수 있겠는가?

텔레비전의 속도가 점점 증가하면서 상상력은 상대적으로 점점 더 빈약해진다. 그것은 지성이 지속적인 시각과 청각의 폭격에서 회복될 시간을 갖지 못하기 때문이다. 그렇다면 이는 우리에게 반드시 필요한, 예배의 침묵 속에서 하나님을 묵상하는 능력에 어떤 영향을 미치는가? 우리의 지성은 쉽게 눈에 들어오는 것을 넘어서야만 볼 수 있는 하나님의 오묘함을 다룰 수 있는가?

이와는 대조적으로, 하나님의 광휘로 가득한 예배는 상상력을 한껏 자극할 것이다—상징과 여러 미술 작품으로, 다양한 음악으로, 이미지와 사고력을 자극하는 도전으로 가득한 본문과 설교로, 우리에게 무한한 영감을 주는 침묵으로.

3. 보다 더 중요한 사실은 텔레비전을 많이 보는 아이의 **뇌가 적게 보는 아이의 뇌보다 작다**고 한다. 출력 없이 계속 입력만 이루어지면 좌뇌와 우뇌는 서로 연결되지 못하며, 주변 환경에 대한 참여가 부족할 때 뇌세포의 증식은 약화된다. 오직 대화와 사물 조작―장난감, 악기, 외다리 뛰기―을 통해서만 뇌는 새로운 길을 만들며, 수집된 정보는 실제로 학습된다. 따라서 미디어의 폭격이 우리의 자녀들을 생각할 수 없게 할 뿐 아니라 실제로 생각할 수 있는 두뇌 공간의 발달마저 가로막는다는 점을 기억해야 한다.

자녀들에게 예배를 훈련시키기 원한다면, 이 점은 특히 중요하다(예배는 자동적으로 이루어지는 것이 아니라 학습된 기술이기 때문이다). 그들이 더 오랫동안 주의를 집중할 수 있는 능력을 갖느냐 못 갖느냐는 그들의 뇌에 그렇게 할 수 있는 공간이 있느냐 없느냐에 달려 있다. 자녀들이 어리고 그들의 지성이 형성되는 단계에 있다면, 부모들은 절대로 그들이 오랜 시간 텔레비전 앞에 앉아 있게 해서는 안 된다.

그 반대도 마찬가지다. 우리가 예배중에 아이들에게 찬양을 부르게 하고, 찬송가를 들고 찾게 하며, 예배 순서에 따라 앉거나 일어서게 하고, 신앙 고백과 기도문과 예전 요소들을 암송하게 하고, 준비한 헌금을 헌금함에 넣게 하고, 하나님의 평안을 전하는 인사를 하게 하며, 그밖의 예배 순서에 참여하게 한다면, 우리는 그들의 지적인 능력을 향상시키는 데 기여하고 있는 것이다.

4. 텔레비전은 우리에게 **덜 생각하게**less motivated to think 만든다. 이는 소위 '좋은' 프로그램의 경우도 마찬가지다. 미디어 자체가 연속적이고 합리적인 사고보다는 느낌과 재미를 강조한다. 이것은 우리의 마음을 새롭게 하심으로써 우리를 변화시키시는 하나님에 대한 지식에 기초하는 믿음에 특히 파괴적인 영향을 미친다(롬 12:2을 보라).

앞에서 상상력에 관해 열거한 예배의 모든 요소는 분명히 더 나은 사고를 위한 자극제가 될 수 있다. 그러나 예배의 광휘가 사고에 불을 당기는 주된 이유는 그것이 바로 우리가 관심을 갖는 하나님의 광휘이기 때문이다. 그러한 광휘는 우리에게 전혀 다른 각도에서 생각하고 세계를 보며 자기 밖에서 자신의 삶을 볼 수 있게 한다.

5. 우리는 모두 텔레비전 시청이 우리 문화의 **폭력과 성적인 부도덕**에 미치는 영향을 매우 분명하게 알고 있다. 여러 감시 단체에 따르면, 텔레비전의 폭력성과 선정성의 양과 강도와 지속적인 폭격은 놀라운 비율로 증가하고 있다. 그리고 강간, 강도, 폭력, 파괴와 거리에서 일어나는 범죄 가운데 많은 수가 이러한 증가와 직접 관련이 있다. 심지어 확연히 선정적이거나 폭력적이지 않은 프로그램도 성적인 문제와 무례함에 간접적으로 영향을 미치는데, 그것은 텔레비전이라는 미디어 자체가 우리를 훈련시키고 우리에게 즉각적인 만족을 더 많이 요구하도록 만들기

때문이다.

어떤 사람은 예배와 관련하여 이런 문제를 언급하는 것이 왜 중요하냐고 물을지도 모른다. 그러나 우리 예배의 주체/객체(대상)가 평화와 신실함의 하나님이라면, 우리의 인격이 폭력에 젖은 미디어나 선정적인 광고나 자극적인 프로그램으로 인하여 형성될 경우, 우리가 하나님의 백성이 되고 교회가 되기 위해 따라야 할 대안적 생활 방식을 철저히(다시 말해 뿌리에까지 파고들면서) 이해하기가 훨씬 어렵다. 더욱이, 즉각적인 만족에 대한 요구는 예배에 관한 많은 갈등을 낳는 주범 가운데 하나다.

반대로, 우리를 하나님의 샬롬과 창조 계획의 광휘에 잠기게 하는 예배는 미디어에 빠진 사람들보다 훨씬 더 나은 삶의 비전을 제시한다. 찬양과 본문과 설교와 기도는 우리가 화평하게 하는 자, 정의를 세우는 자, 진실한 친구, 신실한 연인으로 빚어지는 데 도움이 된다. 더욱이 즉각적인 만족을 위한 외침을 거부하는 예배는 이러한 덕목을 쌓는 데 도움이 된다.

6. 우리 문화에서 폭력의 상당 부분은 사랑과 후원 공동체를 갖지 못한 사람들이 자행한다. 그러나 그 또한 미디어 소비와 간접적인 연관이 있다. 기술적 환경의 도래에 상응하여 **친밀함을 위한 기술(그리고 시간)은 줄어든다**.

텔레비전으로 인해 우리 문화에서 사회적 친밀감과 사랑이 넘치는 공동체의 부드러움을 찾아보기 힘들게 됨으로써 우리 사회는, 하나님께서 헌신된 결혼 언약이라는 보호의 틀 속에 두신 성적인 친밀감을, 그분의 계획 밖에서 찾는 성적 쾌락의 노예로 만드는 결과를 초래하였다.

이러한 위험이 예배에 중요한 이유는, 사람들이 예배에서 그릇된 친밀감을 원할 때가 많기 때문이다. 사람들은 꼭 안아 줄 수 있을 만큼 조그마한 하나님의 포근함이나, 감상적인 찬양이 주는 주관적인 위안이나(하나님과 가깝다고 '느끼지' 못하는 사람들을 배척하는 엘리트주의적 방식으로), 교회 내에서 새신자들을 무시한 채 끼리끼리만 나누는 애정 어린 친밀감이나, 아무나 참여할 수 있는 열린 모임을 만드는 데 소홀한 개인적 형태의 헌신을 원할 때가 많다.

그와는 대조적으로, 우리를 삼위일체 하나님의 광휘에 잠기게 하는 예배는 우리를 성도의 교제 가운데로 반갑게 맞아들일 것이다. 하나님의 친밀감이야말로 참된 친밀감이다. 그것은 낯선 사람들에게 열려 있으며, 따뜻하게 서로 보살피는 덕목을 길러 주는 친밀감이다. 계시(성경)는 친밀감을 쌓으라는 가르침과 그에 필요한 시간을 내라고 우리를 초대하는 본보기로 가득하다.

7. 텔레비전이 **탐욕**을 조장한다는 것은 아무도 의심할 수 없으며, 그것은 단지 광고에만 해당되는 것이 아니다. 우리는 많은 어린이 프로그램에서 그것을 후원하는 장난감이나 완구 회사의 입김이 강하게 작용한다는 것을 알고 있다. 나는 광고의 숫자가

늘어나고 호소력을 높이기 위해 과장과 고도의 심리 전술이 사용되지만, 역설적으로 광고가 점점 더 공허해지는 것에 놀란다. 그럼에도 불구하고 사람들은 무의식적으로 CM송을 흥얼거리고 자신도 모르게 그 제품을 기억하는데, 이러한 기억은 구매 결정에 영향을 미친다. 그런가 하면, 텔레비전은 우리가 무엇을 소유하고 어떤 옷을 입어야 하는지에 대한 가치관을 반복적으로 주입시키며, 이렇게 주입된 가치관은 우리를 '머리 둘 곳도 없었던 분'의 삶에서 멀어지게 한다.

끝없는 광고가 만들어 낸 탐욕은 우리로 하여금 예배에 관해 건강하지 못한 태도를 갖게 한다. 우리는 자신을 변화시켜 주는 것이 아니라, 우리를 기분 좋게 해 주는 것을 갈망하게 된다. 그리고 자신의 특별한 일 처리 방식에 대해, 자신의 음악적 기호에 대해, 자신이 앉는 특별한 자리에 대해, 포근하고 편안한 친구들에 대해 집착하게 된다.

이와는 대조적으로, 하나님의 광휘에 잠긴 채 이루어지는 '고귀한 시간 낭비'는 관대함을 낳는다. 우리는 부족한 가운데서 일하는 게 아니라(부족할 때 우리는 자신을 위해 그것을 움켜쥐게 된다) 풍성한 가운데서 일한다. 이처럼 풍성한 가운데 일할 때 우리는 하나님의 풍성한 임재를 모든 맛과 형태로 더욱 깊이 누리며, 교회가 물려받은 아름다운 유산을 세상과 자유롭게 나눌 수 있다.

8. 미디어에 의해 조장된 탐욕은 텔레비전이 낳는 더 큰 문제,

즉 현실 **인식의 혼란스러운** 한 부분이다. 시트콤을 보면 삶에서 일어나는 아무리 큰 문제도 30분 내에 해결될 수 있을 것 같다. 광고는 우리의 감정을 자극하여 바른 구매가 빠른 해결책이라고 느끼게 한다. 사실 광고는 특히 우리의 두려움과 욕망을 자극하면서, 어떤 상품에 대해 논리적이고 지적인 결정이 가능할 정도의 정보를 주지 않는다. 오히려 광고는 아늑한 장면을 보여 주고 친밀감에 주려 있는 우리의 감성에 호소한다. 이러한 주림은 부분적으로 그런 장면을 보여 주는 미디어 때문에 생긴 것이다.

여기서 반드시 다루고 넘어가야 할 또 하나의 심각한 현실 왜곡은 텔레비전 '뉴스'로 인한 인식의 혼란이다. 뉴스를 언제 어디서나 쉽게 접할 수 있다고 해서, 보도되는 사소한 것까지 모두 알아야 할 이유가 어디 있는가? 매일 저녁 '바보 상자'를 통해 사소한 사건들에 대한 피상적인 보도를 보는 것이, 우리가 세상에서 하고 있는 일에 어느 정도나 영향을 미치는가?

이 모든 것이 많은 면에서 우리 예배에 영향을 미치며, 그 가운데 가장 심각한 것은 많은 예배자들이 단순한 소리 그 이상에 귀를 기울이지 못한다는 것이다. 어떤 예배자들은 하나님께서 자신의 문제를 즉시 해결해 주실 것이며, 자신의 영적 상태가 금방 안정될 것을 기대한다. 가장 큰 위험은, 위협적일 만큼 많은 재난과 위기 때문에, 우리가 예배하는 분이 여전히 우주를 다스리시는 하나님이라는 사실을 믿기 어렵게 되는 것이다.

텔레비전으로 인한 이러한 인식의 혼란은, 우주의 주권자이시며 긍휼을 베푸사 구원하시는 우리 하나님의 실체―그분의 성품과 간섭―에 대한 폭넓은 시각으로 상쇄되어야 한다. 우리로 하나님의 광휘를 더 잘 지각하고 우리를 향한 그분의 헌신을 더 잘 인식하게 해 주는 예배는, 우리 문화의 파국적 개념과 즉석 처리 기술을 거부하는 세계관과 사회적인 힘이나 자연의 힘 때문에 해를 입은 사람들을 진정으로 섬기는 데 꼭 필요한 진실된 관심과 보살핌의 마음을 심어 준다.

9. 텔레비전이 삼위일체 하나님을 예배하는 데 특히 위험한 것은, **텔레비전의 종교관이 대개 피상적이고 많은 경우 편파적이기 때문이다.** 미디어가 종교를 어떻게 묘사하는지, 또는 과거에 주로 그랬듯이 어떻게 묘사하지 않는지 깊이 생각해 보라. 텔레비전에 등장하는 종교 캐릭터는 대개 괴상하거나 가볍거나 거만하거나 우쭐댄다. 심지어 모든 사람들의 즐거움을 망치는 율법주의적 훼방꾼으로 묘사되곤 한다.

더욱이 텔레비전은 이 장에서 열거한 다양한 요소를 이용해서 진정한 종교 용어의 힘을 빼앗아 버렸다. 상징, 의식儀式, 이미지, 종교 문헌은 이제 사람들을 감동시키지 못한다. 윌리엄 포어가 단언하듯이, 해결책은 예배를 텔레비전처럼 만드는―계속해서 과장되고 현란하게 하는―것이 아니라, 사람들에게 텔레비전이라는 미디어의 허구성을 인식하게 하고, 그것에 세뇌당하는 대신 깊은 사고와 참된 생각을 소중히 여기도록 하는 것이다.

우리가 삼위일체 하나님의 모든 광휘에 잠겨 그분께 드리는 예배가 하나님과 그분의 백성에 대한 텔레비전의 거짓된 개념과 전혀 다른 것은, 우리가 고귀하게 시간을 낭비하면서 그분을 사랑하고 그분을 영원히 기뻐한다는 말의 궁극적 의미를 깨닫게 해 주기 때문이다. 우리는 창조주의 계획과 도덕적 기초의 아름다움, 구속을 통한 그리스도의 자유, 순종의 삶을 살도록 힘을 주시는 성령의 기쁨을 발견한다.

10. 미디어 혁명이 낳은 문제 가운데 나를 가장 힘들게 하는 것은 닐 포스트만이 말한 **낮은 정보-행동률**Low Information-Action Ratio이다(이 용어의 첫 글자를 따면 '거짓말쟁이'라는 뜻의 'LIAR'가 된다는 데 주목하라). 텔레비전은 시청자에게 엄청난 양의 정보를 제공하지만 정작 시청자는 그 정보에 대해 아무것도 할 수 없다. 그 결과 텔레비전은 정보를 받아들인 후 그대로 버리기만 하고 그 정보에 근거한 행동을 전혀 취하지 않도록 사람들을 훈련시킨다. 텔레비전은 우리를 거짓말쟁이들L.I.A.R.s로 만드는데, 이것은 우리가 자신이 배운 진실을 가지고 할 수 있는 일을 하지 않기 때문이다.

우리는 가난에 대한 뉴스를 보지만, 배고픈 사람들에게 더 많이 베풀고 다른 사람들에게 경제적 가능성을 열어 주기 위해 자신의 소비를 줄이는 실천은 하지 않는다. 우리는 전쟁과 범죄에 대해 배우지만, 바쁘다는 핑계로 아이들과 대화하지 않으며 출

소자들을 외면함으로써 오히려 폭력에 기여한다. 미디어가 우리를, 하나님의 뜻을 알지만 그분의 목적에 따라 살려 하지 않고, 세상의 필요를 알지만 그것을 채우기 위해 자신의 생활 방식을 바꾸려 하지 않는 거짓말쟁이들L.I.A.R.s로 만들어 버릴 때, 설교와 기독교 교육에 어떤 영향을 미칠지 생각해 보라.

매우 '낮은 정보-행동률'로 인해 점점 많은 사람들이 인터넷에 빠진다. 이미 많은 사람들이 내게 인터넷 서핑과 채팅으로 많은 시간을 허비하고 있다고 털어놓았다. 나는 항상 그들에게 그렇게 얻은 정보로 뭘 하느냐고 묻는다. 연구를 위해 특별한 정보를 모으는 몇몇 학자들을 제외하면, 대부분의 사람들은 얻는 것이 거의 없다. 이것이 바로 내가 가장 많이 씨름하는 신학적 문제이다. 텔레비전은 자신이 알고 있는 것에 따라 행동하지 말도록 예배자들을 훈련시켰다. 그 결과 예배자들이 믿음의 이야기를 단순히 또 하나의 정보로만 본다면, 어떻게 해야 자신의 기독교 신앙에 따라 행동하도록 그들을 훈련시킬 수 있겠는가?

하나님의 완전한 광휘에 잠기는 것은 L.I.A.R. 증후군을 물리치는 해독제 가운데 하나인데, 그것은 하나님의 본성이 우리를 그에 반응하도록 만들기 때문이다. "당신의 뜻이 이루어지이다"라고 기도할 때, 우리는 하나님의 목적 실현을 위한 대리자가 된다. 신약 성경 서신서의 가르침을 들을 때, 우리는 실제적이고 가시적인 방법으로 교회가 되라는 도전을 받는다. 함께 찬양할 때 우리는 서로 받쳐 주고, 교회라는 더 큰 전체 속에서 힘을 얻으면서 행동하는 사람들의 공동체로 함께 엮인다.

지금까지 열거한 미디어의 위험에 관한 목록은 애처로울 만큼 짧지만, 전염성이 있는 열 가지 위험에 대한 이러한 고찰이 (당신이 속한 기독교 공동체의 구성원들과 함께하는) 더 많은 토론과 연구로 이어지길 바란다. 이 간략한 스케치가 우리의 깊은 관심을 유도하기에 충분하기를 바란다. 그리고 우리가 '거짓말쟁이들'L.I.A.R.s이 되지 않기를 바란다! 나는 지금이 교회나 그리스도인 개개인이 미디어 소비를 제한하고, 자녀들이 미디어를 평가하는 도덕적 가치관을 갖도록 가족의 유대와 믿음의 뿌리를 공고히 하며, 세상에 예언자적 지혜를 제공하고, 미디어가 필연적으로 낳는 문제들에 대한 효과적인 해결책을 제시하는 데 앞장서야 할 중요한 시기라고 믿는다.

4.

전도가 믿는 사람과 믿지 않는 사람 사이에 오가는 '소개의 언어'라면
예배는 성도들과 하나님 사이에 오가는 '사랑과 성장의 언어'이다.

기독교의 순결이 꽃피었던 곳이 어디든 그 순결은 사역자의 타락을 통하지 않고는 부패하기 시작한 적이 없다. 변질은 대개 하나님의 집에서 시작됐다.

*토마스 코크

예배와 전도의 혼동, 무엇이 문제인가?

오직 하나님을 믿는 사람들만이 그분을 예배할 수 있다! 예배 worship라는 말은 예배를 받는 분의 가치(worthiness, 자격)와 관련되기 때문에, 그 가치를 알고 인정하는 사람만이 진정으로 그 가치를 그분에게 돌리며 선포할 수 있다. 예배에 관한 이 시대의 갈등 가운데 아주 널리 퍼져 있는 '예배'와 '전도'의 차이에 대한 잘못된 이해가 위험한 것도 바로 그 때문이다.

물론 예배는 그리스도인의 인격을 형성하는 요소 가운데 하나일 뿐이다. 그러나 예배의 중요성은 참으로 미묘하고 파악하기 힘들기 때문에, 우리가 문제를 세밀하게 구분하고 성경의 가르침을 충실하게 꼼꼼히 읽지 않으면 놓쳐 버리기 쉽다.

많은 목회자와 그 외 지도자들은 미국 전역과 그밖의 나라에서 '어떻게 하면 예배를 포스트모더니즘 시대의 사람들에게 더 흥미진진하도록 만들 수 있을까?' 또는 '우리 예배가 '교회 밖의 사람들' unchurched에게 호소력이 있으려면 어떤 형식의 음악을 사용해야 하는가?'와 같은 질문을 던지면서 예배에 관한 논쟁을 가열시키고 있다. 그러나 그들은 그렇게 함으로써 교회의 궁극적인 행복을 매우 태만히 여기고 있다. 어쩌면 당신은 내가 '태만히 여기다'sabotage라는 단어를 사용함으로써 상황을 과장하고 있다고 생각할지도 모른다.

그렇다면 더 깊이 생각하면서 이 장을 차근차근 읽어 보고 나와 함께 몇 가지 질문을 던져 보기로 하자. 포스트모더니즘과 포스트 크리스천(때로는 안티 크리스천[anti-Christian]) 사회의 한가운데서 교회가 된다는 것은 무슨 뜻이며, 통합된 예배란 무엇이고, 하나님의 백성은 그 예배를 어떻게 드리며, 우리가 참된 교회라면 그리스도의 제자들이 돌봄과 전도를 통해 이웃에게 다가간다는 것은 무슨 뜻인가? 특정한 형식의 예배를 수단으로 불신자들에게 호소하려는 것은 '예배와 전도'를 심각하게 혼동하는 것일 뿐 아니라 양자를 모두 크게 훼손하는 일이며, 그 사실을 이해하는 것은 매우 중요하다. 그러므로 우리가 교회 됨에 더 충실할 수 있도록 '예배와 전도'의 중요한 차이를 세밀하게 살펴보자.

'공동체'community나 '교회'church 같은 단어는 오용되고 남용되며, 악용되고 혼동되기 때문에 여기서는 교회 됨Churchbeing이라는 새로운 용어를 사용하겠다. 참된 교회가 된다는 것은, 단순한 종교 구매자들의 집합이 아니라 무엇보다도 참된 공동체를 이루는 구성원 각자가 삼위일체 하나님께서 먼저 우리를 사랑하셨으며, 우리를 불러 그분의 소유로 (혹은 도구로) 삼으셨다는 사실을 깨닫는다는 것을 의미한다. 복음으로 자유를 얻은 우리는 하나님을 영화롭게 하는 삶을 통해 그분에게 반응하며, 기독교 공동체를 더욱 견고히 세우고 확장하는 일에 우리의 은사를 사용한다. 우리가 통합된 예배를 드릴 수 있는 이유는 하나다. 그것은 하나님께서 먼저 우리를 예배로 부르셨고, 그 예배 가운데 자신을 우리에게 주시기 때문이다. 우리는 찬양과 감사로 반응하고, 영적 변화와 성장을 위해 열린 마음으로 반응하며, 세상에서 그분을 섬기려는 새로운 헌신으로 반응한다. 우리가 하나님을 만나고 그분의 임재를 통해 변화되는 예배는 '교회 됨'에서 나오며, 또한 '교회 됨'을 더 깊게 한다. 이러한 예배를 통해, 기독교 공동체는 하나님 나라의 가치관에 따라 그리스도의 형상으로 살아가는 대안 사회가 된다.

이러한 묘사가 중요한 것은, 이러한 '교회 됨'을 제대로 이해해야만 우상을 숭배하고 소비 지향적인 문화의 지배를 받지 않을 수 있고 그런 문화에 저항할 수 있는 개인적이며 집단적인 힘을 가질 수 있기 때문이다. 그렇게 될 때 그리스도인들은 하나님의 백성이라는 사실이 주는 심오한 기쁨을 계속해서 진정으로 회복할 수 있으며, 예배를 통해 양육받은 후에 자신의 믿음과 사랑을 이웃과 나누는 리듬에 풍성한 기쁨으로 참여할 것이다.

먼저 '예배와 전도'를 혼동하지 않도록 이런 리듬을 항상 기억하기 바란다. 간단히 말해 우리는 불신자들을 위한 전도와 달리, 예배가 하나님을 위한 것임을 반드시 기억해야 한다.

예배는 불신자들이나 '교회 밖 사람들'에게 호소력을 갖도록 계획되어야 하며, 따라서 접근하기 쉬운 '형식' style을 사용해야 한다고 말하는 것은 '예배와 전도'를 심각하게 혼동한 것이다. 이처럼 '예배와 전도'를 심각하게 혼동한 데서 빚어진 갈등 때문에 갈라진 교회들도 많다. 깊이 들어가 보면 이러한 갈등의 원인은, 교인 수의 감소 때문에 교회와 교단이 새신자를 끌어들일 방법을 두고 어떻게 해야 할지 모르고 있기 때문이다. 많은 목회자와 평신도와 교단 관계자들이, 주변 세계에 '호소력을 가지고' 그러한 호소력을 통해 '성장하기' 위해 각 교회의 '전통을 버리라'는 마케팅 전문가들의 거짓 조언을 받아들이면서, 하나님의 가르침을 철저히 무시하고 있는 것으로 보인다.

이로 인해 깊은 진리를 깨닫도록 돕는 음악이나 설교가 사라지고, 신학적 내용이 없어지며, 예배자들을 피동적이게 하고 귀를 솔깃하게 하는 소비주의를 조장하는 예배 형식이 그 자리를 대신할 때가 많다는 것이다. 이러한 땜질식 처방을 받아들일 때 나타나는 무서운 결과는, 진짜 문제들은 다뤄지지 않은 채 그대로 남는다는 것이다. 다시 말해서, 예배의 의미와 실제에 관한 교육이 이뤄지지 못하며, 사람들이 교회에 참여하지 못하도록 막는 진짜 우상들이 무엇인지 깨닫지 못하며, 세상을 향해 나아가도록 모든 성도들을 제사장으로 무장시키지 못한다는 것이다.

이 부분을 읽으면서 내가 확신하는 것이 무엇인지 기억하기 바란다. 새로운 음악과 새로운 예배 형식을 사용해야 하지만, 그것은 사람들을 끄는 게 아니라 하나님을 찬양하고 우리를 그분의 백성으로 빚는 데 도움을 주는 게 목적이어야 한다는 것이 나의 확신이다. 단순히 외부 사람들을 끌어들이려고 특정한 예배 형식이나 그 외 다른 요소를 선택하는 것은 예배가 전도의 첨병 역할을 하도록 강요하는 일이다. 전도는 모든 성도가 해야 할 일이다. 내 말을 오해하지 않기 바란다. 좋은 예배는 전도의 요소도 담고 있지만, 전도가 예배의 주된 목적은 아니다. 예배는 이웃을 향한 것이 아니라 직접적으로 하나님을 향한 것이기 때문이다.

성경 어디에도 '불신자들을 끌어들이기 위해 하나님을 예배하라'는 말은 없다. 오히려 수많은 본문이, 하나님은 우리의 찬양을 받으실 자격이 있으므로(받으시기에 합당하므로) 삼위일체 하나님을 예배하라고 명령하며, 초대하며, 촉구하며, 호소한다. 예배는 그러한 '자격'을 인정하는 자들만이 진정으로 드릴 수 있는 것이다.

더욱이 예배는 하나님의 백성이 하나님의 자격(가치)을 다른 사람들에게 전하도록 훈련시키는 기독교 공동체의 전체 교육 과정 가운데 하나다. 전도와 나눔은, 주변 모든 사람에게 하나님의 은혜가 필요하다는 사실을 깨달은 모든 그리스도인의 사명이다. 우리는 하나님과 형제들을 향한 사랑으로 이웃을 섬기고 우리의 믿음을 증거하기를 갈망한다. 전도는 우리의 일상생활에서, 우리의 정기적인 만남에서, 우리의 단순한 대화와 보살핌에서—또는 예배와는 다른 곳에 초점을 맞춘 전도 행사에서—이루어지며, 다른 사람들을 우리와 함께 하나님을 예배하는 자리로 인도하는 데 목적이 있다. 전도는 수단이지만 예배는 목적이다.

예배와 전도의 차이를 설명하기는 어렵지 않다. 나는 예배 세미나를 인도할 때 8×10인치 크기의 남편이 다니는 학교 사진을 자주 보여 준다. 우리가 즐거운 결혼 생활을 시작한 지 오늘로(이 글을 쓰는 지금) 110개월 21일째이다. 나는 청중에게 남편이 정말 훌륭한 초등학교 선생님이며, 정원을 매우 아름답게 가꾸고, 나의 많고 많은 신체 장애를 매우 자상하게 보살펴 준다고 말한다. 이 모든 말은 남편을 청중에게 소개하는 것이다—마치 전도할 때처럼. 그러나 내가 강연을 마치고 며칠 만에 집에 돌아온 후에도 남편에게 이렇게 말하는가? 아니다. 그 순간에는 남편에게 애모愛慕와 사랑의 말을 하며, 남편이 자신의 일에 대해 하는 말(그가 어떻게 살았는지)에 귀를 기울이고, 남편에게 내가 한 일(내가 얼마나 더 충실했는지?)을 이야기하며, 남편과 함께 문제를 해결해 나간다—마치 예배할 때처럼. 우리는 서로 관계를 더 견고히 하기 위해 소개의 언어가 아니라 상호간의 친밀함과 성장의 언어로 대화한다.

예배는 성도들과 하나님 사이에 오가는 사랑과 성장의 언어다. 전도는 믿는 사람들과 믿지 않는 사람들 사이에 오가는 소개의 언어이다. 이 둘을 혼동하여 예배에 전도의 짐을 지우는 것은, 하나님의 백성에게서 이웃을 돌보는 의무를 박탈하고, 성도들을 속여 변화를 낳는 깊이 있는 예배를 빼앗으며, 하나님에게서 그분이 받으시기에 합당한 심오한 찬양을 훔치는 짓이다.

물론 이러한 구분이 전적인 것은 아니다. 성도들이 기쁨과 열정으로 예배한다면, 아직 공동체의 일원이 아닌 그 누구라도, 성도들이 예배하는 분에게 틀림없이 끌릴 것이기 때문이다. 그러나 예배의 초점을 전도에 맞추는 것은, 성도들에게서 교회 됨을 위한 더 깊은 양육의 기회를 박탈하며, 하나님이 교회로부터 마땅히 받으셔야 할 친밀하고 참여적인 예배를 그분에게서 빼앗는 일이다.

더 깊은 교회 됨을 위해 예배와 전도를 구분하는 것에 반대하는 사람들은, 대개 일리노이 주 배링턴에 있는 윌로우크릭과 그 교회의 주일 아침 예배에 참석하는 엄청난 수의 사람들을 지적한다. 그러나 윌로우크릭이 정확하게 무엇을 하고 있는지 분명히 알아야 한다. 왜냐하면 그 교회의 설립자 빌 하이벨스Bill Hybels 목사가 직접 강조하듯이, 그 교회의 주일 아침 프로그램은 회중 예배가 아니기 때문이다. (매우 헌신된 성도들을 위한 예배는 수요일 저녁에 드린다).

윌로우크릭은 주일 아침마다 하는 일을 정말 잘 하고 있다. 드라마와 음악은 전문가 수준으로 공연하고 연주한다. 설교는 좋은 가르침을 준다. 시설도 완벽하다. 음향 시설과 장비도 최고이다. 윌로우크릭은 하나님께서 자신들에게 하라고 하신 것을 하고 있다고 생각하며, 나로서는 그런 그들의 의식을 비판할 생각이 전혀 없다.

문제는 많은 교회들이, 사람들을 이러한 행사의 피동성에서 교회 됨의 능동성으로, 표면에서 삶 자체로 이동시키는 것이 얼마나 어려운지 제대로 이해하지 못한 채 주일 아침 예배를 그러한 전도 행사로 바꿈으로써 윌로우크릭을 모방하려 한다는 것이다. 그런 교회들이 멋진 공연과 연주의 관객이었던 사람들을 어떻게 전통적인 예전禮典에 참여시킬 수 있겠는가?

전통적인 예배를 비판하는 사람들은 그런 공연이 텔레비전과 사이버 문화 시대의 사람들에게 반드시 필요하다고 말하지만, 그렇게 해서 우리 문화의 근본적인 문제들이 교회로 흘러들게 된다는 점을 간과한다. 믿음은 단순히 교리적 견해에 대한 지적인 동의나 감정의 표현이 아니기 때문이다. 믿음은 삶의 언어이므로 믿음에 참여하여 믿음을 직접 실천하지 않고는 믿음을 배울 수 없다. 한 사람에게 그리스도를 소개하는 일이 화려한 공연을 통해 이루어진다면, 그 사람이 자신의 어색하고 어설픈 그리스도인의 삶을 살 용기를 어떻게 얻을 수 있겠는가?

웹 미첼은 「인간의 장애와 하나님의 섬김」*Human Disability and the Service of God*이라는 책의 한 장에서, 성도들의 공동체에서 교회 됨의 기술을 배우는 게 얼마나 중요한지 우리 모두에게 상기시켜 주기 위해 몸짓에 대한 이미지를 보다 자세히 다룬다. 그는 "그리스도의 몸의 몸짓을 가르치는 것은 어떤 사람으로 하여금 하나의 기술을 연마하게 하는 것과 같다"고 설명한다. 이러한 '기술' 연마는 가구 제작, 시각 예술, 보트 제작, 가르침, 악기 연주와 같은 다양한 부분에 적용될 수 있다. 기술을 전수할 때,

도제徒弟는 반드시 먼저 스승mentor에게 배워야 한다.

모든 그리스도인들이, 자신과 교회들이 다가가는 사람들에게 이러한 멘토링, 즉 교회 됨의 기술에 대한 실제적인 학습이 필요하는 것을 이해한다면, 단순한 오락과 피동성에 안주하지 않을 것이다.

그리스도의 몸짓 배우기에 대한 웹 미첼의 강조가 분명히 보여 주듯이, 교회의 '구도자 예배' seekers' service는 모든 하나님의 백성에게서 증거(전도)와 양육이라는 책임을 제거하기 때문에, 우리 시대의 근본적인 문제를 다루지 않는다. 통계에 따르면, 사람들은 대부분 그리스도에게 헌신된 사람과의 교제를 통해 그리스도를 믿게 되고, 또 믿음의 성장을 위해서는 거짓된 이해를 뿌리 뽑고 참된 그리스도인의 시각을 심어 주는 깊은 멘토링이 필요하다. 그러므로 공연이 아무리 세련되더라도 복음은 단지 공연을 통해 선포되는 것이 아니라 개개인에 대한 보살핌 속에서 구체적으로 체현되어야 한다. 복음은 언제나 체현되어 왔다—그리스도처럼 자신에 대해 죽고 성령의 능력으로 다시 태어난 모든 사람들에게서.

증거와 멘토링과 양육이라는 책임을 기쁘게 감당하는 사람이 되기 위해서는 충실한 예배, 즉 우리의 이해를 무한히 초월한 광휘의 하나님과의 깊은 만남을 가능하게 하는 예배, 우리를 자기중심주의와 소비주의에서 깨어나게 하는 예배, 우리를 훈련시키며 그럼으로써 증거(전도)와 직장 생활과 고난 가운데서 하나님 나라의 일을 할 수 있도록 우리를 무장시키는 예배가 필요하다.

결국 교회들이 교인을 잃는 궁극적인 이유는 우리의 공동체 생활이 믿음에 대한 충분한 증거를 제시하지 못하기 때문이라는 확신이 강해진다. '화끈한'exciting 예배에 초점을 맞추는 교회들이 걱정스러운 것은, 그런 예배는 단순히 우리 사회의 자기만족을 조장할 뿐이며, 성도들을 교회 됨의 대안적인 생활 방식 훈련장으로 이끌지 못하기 때문이다. 우리 예배가 단순히 오락적이라면 많은 소비자를 끌 수 있을지 모른다. 그러나 그럴 경우 계속해서 감정의 강도를 높이지 않으면, 그리스도인이라는 사실로 인해 어려움이 닥칠 때 소비자들이 다른 흥밋거리에 눈을 돌리지 않으리라고 보장할 수 없다—그렇지 않으면 우리는 단지 계속해서 그들의 얕은 신앙을 부채질할 뿐이다.

전도는 전체 예배의 과제가 아니며 성도 개개인의 유일한 과제도 아니다. 전도는 우리 공동체 생활의 결과이며, 우리의 철저한 교회 됨이 보여 주는 증거, 즉 하나님과 함께하며 서로 함께하는 삶이 그 무엇보다 은혜와 성취가 넘치며 참된 삶이라는 증거가 낳은 결과이다.

교회들이 새신자를 위한 과정을 제공할 때 대개는 교회의 비전과 미래 계획, 교단의 역사와 신학, 교회의 구성과 더 큰 교회와의 유대, 교회의 목적과 신앙 고백, 교회의 역사와 대외 사역, 청지기의 삶, 교인이 되기 위한 조건과 교인의 권리 등에 관한 과정을 둔다. 그러나 나는 그러한 과정에 예배의 의미와 실제를 가르치는 시간이 들어 있는 것을 거의 보지 못했다. 우리는 오랫동안 사람들에게 '예배란 무엇인가'를 가르치지 못했다.

포스트 크리스천 사회post-Christian society에서 우리는 우리와 아주 비슷한 주변 문화에 싸여 있던 초대교회 그리스도인들에게서 교훈을 얻어야 한다. 그들은 공동체의 삶을 통해 세상에 대안을 제시했으며, 세상 사람들은 그들의 환경과 그들이 그리스도와 연합하는 삶에 마음이 끌렸다. 그러자 그들은 관심 있는 사람들을 상당 기간 입교자/세례자 교육을 시킨 후에 성도들과 함께 예배에 참석하도록 했다. 그리스도의 계명을 따르기 원한다면, 기독교 공동체의 모든 구성원이 일상생활 가운데 항상 '제자를 삼으며', 그런 후에는 새신자들을 교회로 인도하여 삼위일체 하나님의 이름으로 '세례를 주고', 그들이 예배하고 믿음을 키우는 삶을 지속할 수 있도록 도와 주어야 한다.

먼저 우리 자녀들에게서 시작하자. 가정에서, 예배 시간에, 교회 교육에서, 아이들에게 예배의 몸짓을 가르치는 데서 시작하자. 예배는 실제로 훈련된 기술이다. 소비 지향적인 문화에서는 특히 그렇다. 사람들이 자신과 우리 사회에 만연한 여러 우상을 예배(숭배)하는 데서 벗어나게 하려면 의도적인 교육적 실천이 필요하다. 우리 교회 교인들이 모두 예배의 몸짓에 능숙하며, 우리와 함께 그 몸짓을 행하게 될 낯선 사람들을 환대할 준비가 되어 있다면, 우리의 이웃이 되는 게 얼마나 큰 선물이겠는가!

5.

형식이 문제가 아니다. 중요한 것은 우리의 예배가
우리를 하나님의 광휘에 잠기게 하느냐 하는 것이다.

여호와의 이름에 합당한 영광을 돌리며 그분의 거룩함의 광휘 속에서 여호와를 예배하라.
*시편 29:2(NASV)

하나님, 우리 예배의 무한 중심

몇 달 동안 이 책의 제목을 가지고 씨름하다가, 최고의 시인이요 은혜가 충만한 친구이자 깊이 있는 사상가인 수잔 팔로 처윈 Susan Palo Cherwien이 쓴 찬송가 가사에 나오는 '무한 중심' The Infinite Center으로 해 볼까 하는 생각을 잠시 했다. 그 문구가 최종적으로 이 책의 제목이 되지는 않았지만, 예배에 대한 나의 주된 관심을 파악하는 수잔의 능력에 대해서는 깊이 감사한다. 우리가 전체 예배를 위해 계획하는 모든 것은 하나님의 본성, 그리고 예배의 의미와 반드시 일치해야 한다. 우리가 하는 그 어떤 것도 예배가 하나님을 위한 것이라는 사실을 망각하게 해서는 안 된다.

하나님은 우리 예배의 주체이시다. 우리가 하나님 앞에 나올 수 있게 하시는 분은 하나님이시며, 하나님은 말씀과 세례와 성찬 속에서 자신을 우리에게 주시는 분이기 때문이다. 우리는 예배의 방법을 통해 참석자들에게 이 진리를 가르치며, 이 진리로 그들을 품어야 한다. 예배는 목회자가 우리를 자신의 거실로 초대하는 것이 아니라, 하나님께서 그분을 높이시기 위해 구별된 거룩한 곳으로 우리를 맞아들이시는 것이다.

하나님을 중심에 모실 때 분류의 1차적 기준이 생기지만, 그렇다고 우리의 선택이 좁아지는 것은 아니다. 이 말은, 하나님은 우리의 상상을 무한히 초월하신다는 사실을 빼고는 모순처럼 보일지 모른다. 그러므로 삼위일체의 광휘를 드러내기 위해 모든 종류의 소리와 분위기와 스타일과 형식이 필요하다. 그러나 이 모든 것은 하나님께서 그분에 관해 계시하신 것과 반드시 일치해야 한다.

이러한 진리는 예배를 계획하고 예배 공간을 꾸미는 사람들이 반드시 물어야 하는 많은 질문을 낳는다. 예배 순서가 하나님이 주체라는 사실을 분명하게 반영하는가? 목회자나 음악가들에게 초점이 집중되어, 하나님이 초대자라는 사실을 예배자들이 잊어버리지는 않는가? 예배 공간이 하나님의 특별한 임재를 나타내는가? 예배자들의 태도, 인도자들의 몸짓, 예배의 분위기가 하나님이 예배의 주체라는 것을 보여 주는가? 우리 예배가 하나님이 성경의 하나님, 곧 아브라함과 사라의 하나님, 예수님과 마리아의 하나님이심을 보여 주는가? 우리 예배가 하나님의 거룩하심과 진노를 균형 있게 제시하지 못한 채, 하나님의 성품 가운데 자비와 사랑처럼 편안한 부분에만 일방적으로 초점을 맞추지는 않는가? 예수님이 초월적인 하나님의 무한한 위엄을 가진 분이 아니라, 단순히 어디에나 계시는 '친구'나 '형제'로 축소되지는 않는가? 성령의 강한 바람 없이 삼위일체가 단순히 경직된 교리로 축소되지는 않는가? (실제로 요즘 교회는 오히려 교리가 더 필요하지만 그렇다고 경직된 교리가 필요한 것은 아니다.) 이 모든 질문은 우리 예배가 참으로 성경의 하나님을 그 주체로 삼고 있는지 묻는다.

물론 하나님은 예배의 객체/대상이기도 하시기에, "예배는 누구를 위한 것인가?"라는 질문도 적절하다. 우리는 삼위일체의 구애에 반응하고, 창조자의 은혜에 감사하며, 그리스도의 이름을 찬양하며, 성령의 능력을 구한다. 그러나 먼저 하나님을 예배의 주체로 삼지 않으면 참된 찬양으로 응답할 수 없다. 슬프게도 많은 '현대적' 예배 인도자들이 참된 찬양과 '기쁜 노래'를 혼동하여 하나님의 속성과 행동을 말하는 대신 개인적인 재미나 위로나 행복을 대상으로 삼는다. 때로는 더 오래 된 찬송들도 똑같은 실수를 하지만("저 장미꽃 위에 이슬"[I Come to the Garden Alon]과 같은 찬송들, 찬송가 499장), 더 공동체 지향적이고 신학적으로 내용이 더 깊었던 예전의 찬송에서는 이러한 자기중심주의 narcissism를 찾아보기가 훨씬 힘들었다.

예배에서 하나님이 예배의 주체와 대상이 되지 못하게 하는 면이 두 가지 있다. 하나는 건축이다. 옛날 교회들은 십자가 형태로 되어 있고, 천장이 높으며, 강단에 시선이 집중되도록 지어졌기 때문에 예배 참석자들이 하나님께 집중하도록 할 수 있었다. 오르간 연주자와 찬양대 자리를 발코니에 배치함으로써 그들이 공연자가 아니라 예배를 돕는 자가 되게 했다. 그러나 회중석이 길고 높은 쪽에 위치한 강단을 올려다보도록 되어 있는 현대 교회의 구조는, 설교자를 (그리고 대체로 음악가들을) '무대에' 세운다.

현대 교회든 전통적인 교회든 간에, 참석자들은 예배의 자리에서 예배의 배우들이며, 인도자들은 공연하기 위해 있는 게 아니라 우리의 공연을 감독(지도)하기 위해 있으며, 하나님이 '그 사람들의 일' (헬라어 leitourgia, 즉 예전)의 관객(대상)이라는 사실을 반드시 상기시켜야 한다. 거꾸로 말하면, 우리가 예배에서 배우일 수밖에 없는 것은 하나님께서 예배의 주체로서 먼저 행동하시기 때문이며, 하나님께서 그분의 청중인 우리에게 본문과 설교와 찬송과 예전을 통해 계속해서 말씀하시기 때문이다.

다른 하나는, 사람들의 드림을 단순히 헌금으로 제한해 버리기 때문이다. 우리는 오랫동안 성도들에게 예배의 의미를 가르치지 못했으며, 그 결과 지금의 예배자들은 자신이 예배에 많은 것을 투입하지 않는 게 문제라는 사실을 깨닫지 못한 채, "예배에서 얻은 게 별로 없어요"라는 말을 자주 한다. 더욱이 부모가 예배에 진심으로 참여하지 못하는 것은 자녀들이 예배의 모든 의미를 거부하는 주된 원인이 되기도 한다.

언젠가 내가 입교식/세례식을 준비하며 가르치고 있는 중학생들에게 '기도서' (liturgy, '예전'이라는 의미도 있다—역자 주)를 얼마나 좋아하느냐고 물었더니 대답이 한결같았다. 기도서를 싫어하는 아이들은 모두 기도서를 암송하지 않는 아버지를 두고 있었다. (연구에 따르면 어머니보다 아버지의 예배 참석이 자녀들의 신앙 유지에 훨씬 큰 영향을 미치는 것으로 나타났다. 물론, 가장 바람직한 것은 부모가 모두 기독교 공동체와 예배에 적극적으로 참여하는 것이다.)

청소년 사역자들에게서 아이들이 부모의 예배 형식을 거부한다는 말을 자주 듣는다. 상황은 이보다 더 심각하다고 생각된다. 확신컨대 청소년들은, 예배에는 참석하지만 일상생활에 변화가 없는 부모의 위선을 거부하는 경우가 아주 많다. 예배자들 또한 예배와 소원해지는 것은 예전禮典 때문이 아니라 아무런 기쁨도 없이 예전을 행하기 때문이다. 프리랜서 신학자로서 나는 세계를 여행할 때마다 예배가 무슨 뜻인지, 자신들을 거룩한 예배로 초대하시는 분이 누구인지 알기에 예배를 사랑하는 사람들을 만난다.

그렇다고 내가 새로운 예배 형식이나 양식을 거부하는 것은 아니다. 나는 다만 거짓된 질문들을 거부하고 있을 뿐이다. 형식이 문제가 아니다. 문제는 하나님을 예배하는 참된 예배이다.

예전에, 교단의 전통이 주류 교회들이 하는 일을 감독하고 문화가 근본적으로 더 기독교적이던 때에는 무한 중심이신 하나님에게서 멀어질 가능성이 지금보다 낮았다. 그러나 미디어에 유명 인사들이 등장하고, 예배가 덜 정형적이고, 문화에서 기독교의 정체성이 점차 희박해진 우리 시대에는 무한 중심이신 하나님에게서 멀어질 가능성이 훨씬 높다. 그 결과, 요즘 예배에서 행해지는 것 가운데 우리가 하나님께 집중하는 것을 방해하거나 하나님의 무한한 광휘를 나타낼 만큼 충분한 내용을 담지 못하는 부분이 아주 많다.

내가 작년에 참석했던 한 예배를 예로 들어 보자. 그 예배는 내가 여름에 강사로 초대되었던 회중 예배였다. 그 후, 나는 내가 별난 반응을 보이는 게 아니라는 것을 확인하기 위해 가능하면 많은 사람들에게 물어 보았다. 나는 여기서 예배를 인도한 사람의 신실함에 대해서는 전혀 의심하지 않는다는 점을 다시 한번 말하고 싶다. 그러나 그렇게 예배를 인도하는 것이 예배 참석자들에게는 해롭다고 확신한다. 그러한 예배 인도 방법은 예배 참석자들에게 딱딱한 음식을 먹지 못하게 함으로써 믿음을 실천하는 데 미숙하게 만든다(히 5:11-14을 보라).

내가 참석했던 그 회중 예배의 예배 인도자(사회자)는 한참 동안 무슨 멘트를 했을 뿐 하나님께서 우리를 그곳에 부르셨다는 구체적인 언급이 없었기 때문에 예배가 언제 시작되는지 알 수 없었다. 기독교 전통에서 예배가 항상 "아버지와 아들과 성령의 이름으로"라는 기원으로 시작되는 이유는, 예배자들로 하여금 그들이 복음서 시대 이후로 삼위 하나님의 이름으로 세례를 받았고, 삼위 하나님을 믿었으며, 시간과 공간을 초월하여 그분을 예배하기 위해 모인 전체 성도들의 한 부분이라는 것을 기억하도록 하기 위해서다. 예배 인도자의 임의적인 멘트로는 하나님의 임재와 구름떼처럼 많은 증인들의 존재를 거의 전달할 수 없다.

주보에 있는 "그가 기뻐하셨네"(He Is Exulted, 아마도 "그가 높임을 받으셨네"[He Is Exalted]를 잘못 쓴 것 같다)라는 첫 찬양에는 그분이 높임을 받는 이유나 내용이 전혀 없었다. 단순히 하나님께서 높임을 받으셨다고 반복해서 노래하는 것만으로는 아무에게도, 특히 예배에 처음 참석하는 사람들에게, 하나님이 누구이시며 왜 그분이 중요한지 가르칠 수 없다.

예배 시작 전에 인도자와 예배에 대해 의논하면서 다같이 죄를 고백하는 찬송을 하나 넣어 달라고 했다. 그러나 그 찬송을 시작하기 전에, 인도자는 한참 동안 무슨 말을 하더니 내가 그 찬송을 선택했다고 했다. 내가 그 찬송을 선택한 이유는 모든 예배 순서를 우리 자신으로 채우는 대신에 교회의 공동 기도문을 사용하기 위해서였으나, 인도자의 불필요한 멘트 때문에 그러한 공동체성은 훼손되어 버렸고, 관심은 내게 집중되었다—인도자는 그러한 '정형적인' 고백을 선택한 데 대한 비난이 자신에게 쏟아지는 것을 원치 않았던 것 같다. 그리고 인도자는 찬송가를 사용하는 것을 의아스럽게 생각하는 것 같았다.

그는 우리가 죄를 고백해야 한다는 사실에 대해서는 한 마디도 하지 않았으며, 용서의 선언도 하지 않았다. 우리는 우리의 죄를 고백해야 할 대상인 하나님에게서 너무나 멀어져 있었기에 죄를 고백하는 게 거의 불가능했다. 그때 내 죄가 깊이 깨달아지지 않은 것이 오히려 다행이었다. 죄만 깊이 깨닫고 은혜(용서)의 응답을 전혀 듣지 못했다면 무척 고통스러웠을 것이다. 전통적인 기도문이 내게 항상 큰 의미가 있는 것은 그러한 기도문에서는 죄 용서가 분명하게 선포되기 때문이며―나는 거의 '여호와의 선하심을 맛보아' 알 수 있다(시 34:8)―그 선포가 한 사람의 인도자에게서 나오는 게 아니라 그리스도 자신이 명하신 대로 전체 교회에서 나오기 때문이다.

그 다음 순서로 "나는 믿네"I Believe라는 찬양을 신앙 고백으로 불렀으나, 그 찬양은 예수님에 관한 것이었을 뿐이며 따라서 삼위일체는 무시되었다. 예배 인도자는 성경을 세 군데 읽었지만 그것들이 성경 어디에 있는 말씀인지 전혀 밝히지 않았고, 그 말씀들이 하나님의 말씀이라는 것을 인정하는 말도 전혀 하지 않았다. 나는 설교를 하려고 앞으로 나가면서 성경을 들고 이렇게 말하고 싶었다. "이 말씀을 주신 하나님께 감사합시다! 하나님은 이 말씀으로, 이 계시로, 우리를 그분의 백성으로 빚길 원하십니다."

나는 설교가 예배의 나머지 요소와 일관되어야 한다고 믿는다. 그래서인지 설교 전에 진행된 순서에서 하나님의 임재를 별로 느낄 수 없었던 그날은 설교가 정말 힘들었다. 주보에 있는 '가족을 위한 기도' 시간에 예배 인도자는, 예배를 드리니 얼마나 기분이 좋은지 모르겠다는 말로부터―"가족인 여러분들을 보니 제 마음이 얼마나 기쁜지 모르겠습니다"―그 주에 자신이 캠프에 참석한 청소년들을 위해 한 일에 이르기까지 한참 동안을 이야기했다. 그런 후에 찬양을 두 곡 더 불렀는데, 첫 번째 찬양은 "주는 나의 힘, 나의 생명, 나의 소망"라는 가사만 계속 반복되었다. 정말 훌륭한 가사이기는 하지만, 하나님이 우리의 힘이요 생명이요 소망이신 게 왜 중요하며, 우리가 그 사실을 어떻게 알고, 그 사실이 우리 삶에 어떤 차이를 낳는지에 대한 내용이 전혀 없었다. 지금 소망을 경험하지 못하고 있는 사람들은 어떻게 소망을 찾는가? "나와 내 집은"As for Me and My House이라는 마지막 찬양은 여호수아 24장을 기초로 한 것이지만, 여호수아가 이스라엘 자녀들을 꾸짖는 성경의 정황에서 완전히 벗어나 그의 훈계를 감정적인 안락함으로 바꿔 버렸다.

'예배' 마지막에 축도를 부탁받았지만 나는 축도하기가 매우 힘들었다. 예배 순서 전체가 마치 진행자에게 모든 초점을 맞춘 하나의 토크 쇼에 더 가까워 보였기 때문이었다. 그러니 내가 어떻게 갑자기 하나님께 우리를 세상으로 파송해 달라고 말할 수 있었겠는가?

이 장에 관해 내가 어느 정도 비판을 받으리라는 것은 알고 있다. 어떤 사람들은 이 장이 전통을 선호하는 나의 선입견을 보여 주고, 엘리트주의자의 말처럼 들리며, 과도한 비판을 한다고 말할 것이다. 그러나 위의 예배에서 일어나고 있던 일의 중심에 하나님을 모시기 위해 내가 최선의 노력을 다한 것은 사실이다(그리고 계속 초점을 유지하려고 노력했다). 그렇지만 예배 인도자들의 멘트와 행동은 계속해서 나를 하나님에게서 멀어지게 했다. 교회가 오랜 시간에 걸쳐 (새로운 정황과 옛 정황에서) 세운 예전禮典은, 인도자의 성격에 좌우되지 않으면서 예배의 주체이신 하나님께 계속 초점을 맞추어야 그 가치가 있다.

형식이 문제가 아니다. 중요한 것은 우리가 사용하는 모든 노래나 형식이, 하나님께서 우리를 예배로 초대하셨고, 하나님께서 예배 가운데 계시며, 하나님께서 우리의 찬양을 받으시기에 매우 합당하며, 우리가 결코 다 알 수 없을 만큼 하나님에 관해 배워야 할 것이 굉장히 많다는 사실을 우리에게 계속 상기시키는 것이다. 문제는 우리 예배가 우리를 하나님의 광휘에 잠기게 하느냐 하는 것이다.

이 세상은 하나님과 끝없이 깊은 만남을 가질 수 있는 예배가 절실히 필요하다.

6.

공동체의 성경적 의미는 현실적인 차이를 더 열린 마음으로 수용하고,
더 사려 깊은 의지의 행위를 하는 데 있다.

'내' 빵이란 없다. 모든 빵은 우리 것으로 내게 주어진 것이다. 나를 통해 다른 이들에게, 다른 이들을 통해 내게 주어진 것이다. *마이스터 에크하르트

예배 공동체 세우기

시편 29:2("여호와의 이름에 합당한 영광을 돌리며 거룩한 옷을 입고 여호와께 경배할지어다")은 이 책의 주제 구절인데, 여기에 있는 동사는 모두 복수형이다. 성경은 언제나 우리에게 함께 여호와께 영광을 돌리며 거룩한 하나님의 공동체의 광휘 속에서 그분을 예배하라고 요구한다. 우리 교회의 교인들은, 구체적인 세 사람에게 쓴 편지인 디모데서와 디도서와 빌레몬서를 제외하면, 성경에서 하나님의 백성을 교훈하는 데 사용된 동사가 모두 복수형이라는 것을 알고 있을까? 우리가 **함께** 예배하며 **함께** 교회를 이룬다는 사실을 진정으로 깨닫는다면 예배와 교회 됨에 관한 우리의 대화가 완전히 달라지지 않겠는가!

그러나 우리는 진정한 공동체를 찾아 볼 수 없는 사회에 살고 있다. 우리는 어린이 축구 클럽이나 야구 클럽의 부모 모임, 각종 스포츠 동호회, 동네 파티, 자신의 직업이나 자녀들의 학교와 관련된 다양한 모임, 인터넷 동호회와 채팅방, 기능자 모임craft guild, 노동 조합, 취미 클럽, 교회 모임 등 수없이 많은 모임과 활동에 참여한다. 그러나 이러한 모임의 회원들이 서로를 위해 죽는가? 이 질문을 우리에게 해보자. 그러면 우리는 정말 공동체로 살고 있는가? 우리는 시간이 부족하며 게다가 서로간의 공간의 틈이 너무 커서 자신의 삶을 서로에게 투자하지 못하고 있지 않은가.

공동체의 문제는 예배의 문제와 맞물려 있다. 이 시대의 반反공동체적인 유혹을 물리치려고 의도적으로 노력하지 않는다면, 오히려 예배는 입맛에 대한 소모적인 싸움이나 자기중심적이며 개인적인 위안을 조장함으로써 그리스도의 몸인 교회를 쇠퇴시킬 것이다.

교회를 진정한 공동체로 세우려면 많은 '시간 낭비'가 필요하다. 진정한 공동체가 요구하는 헤픈 사랑prodigal love은 능률적이지 못하며, 뚜렷이 생산적이지도 못하고, 전혀 경제적이지도 못하며, 우리 문화의 관점에서 보면 그다지 쓸모도 없다. 그러나 그 사랑은 그분의 이름으로 우리의 공동체 삶을 빚으시는 하나님의 낭비extravagance를 닮았다.('헤프다', '낭비하다' 등은 저자가 하나님의 아낌없는 사랑과 용서와 자비 등을 표현하기 위해 사용하는 단어들이다-역자 주)

파편화되고 소원해지며 개인주의적이고 경쟁적인 사회에서 교회는 과연 얼마나 다를까 궁금해 하는 사람들이 많다. 그러나 교회들과 교단들은 내부적으로 서로 끝없이 싸우고 있다. 아무도 예배에 처음 참석하는 사람들을 따뜻하게 맞아 주지 않으며,

심지어 아는 체도 하지 않는다. 때로 교회는 따뜻한 환대를 위해 특별히 '안내 위원'을 두지만, 오히려 그 방법이 전체 교인이 진정한 환대를 베푸는 데 장애가 될 때가 많다.

강림절이 되면 우리는 아기 예수 그리스도를 우리의 마음과 가정에 따뜻하게 맞아들일 준비를 한다. 그때 어떻게 하면 교회가 사람들을 따뜻하게 환대하는 진정한 공동체가 되도록 할 수 있을까 하는 문제를 깊이 생각해 보는 게 좋을 것이다. 몸의 '하나 됨'을 견고히 하는 것은 모든 소그룹과 교회의 특별한 사역 가운데 중요한 부분이다. 그러나 여기서는 지면 관계상 논의의 초점을 특히 구체적인 예배 요소를 통해 공동체를 세우는 것에 한정하기로 하겠다.

전체 예배의 어떤 요소들이 공동체의 삶을 견고하게 하는 데 도움이 되는가? 우리가 하나님을 찬양하고 신앙 성장을 위해 함께 모일 때, 어떻게 하면 기독교 공동체 의식을 확립하고 강화할 수 있는가? 우리가 모일 때, 어떻게 하면 "마음을 같이하여 성전에 모이기를 힘쓰고" "순전한 마음"으로 이웃에게 칭송을 들었던 초대교회 그리스도인들의 모습을 보일 수 있는가?(행 2:46-47)

공동체 개념이 단순히 하나님과 함께 있다는 포근한 느낌이나 구성원들 사이의 조화라는 견지에서 인식될 때가 아주 많기 때문에, 우리는 매우 신중하게 질문을 던져야 한다. 하나님의 백성이 진정한 공동체의 중요성을 이러한 감정이나 감상으로 축소시키는 것은 아주 위험하다. 그럴 경우에는 그룹 '안에' 엘리트주의나 자기중심주의가 형성되어 하나님을 초점의 대상에서 밀어 내는 결과를 초래할 때가 많기 때문이다.

공동체의 성경적 의미는, 현실적인 차이를 더 열린 마음으로 수용하고, 모든 사람을 더 호의적으로 대하며, 더 사려 깊은 의지의 행위를 하는 데 있다. 성경적 의미의 공동체는 애정이라는 느낌에 의존하지 않는다. 사실 때때로 (어쩌면 항상?) 하나님은 우리가 아가페, 즉 먼저 하나님에게서 나와서 우리를 통해 이웃에게로 흘러가며, 다른 사람의 필요에 따른 지적이고 의도적인 사랑의 진정한 의미를 배우도록, 우리가 별로 좋아하지 않는 사람들과 함께 공동체를 이루게 하신다. 성경적 원리를 실천하는 공동체를 세우는 것은, 기술적이며 효율적인 현대 사회에서는 매우 어려운 일이다. 여기에는 많은 노력과 시간, 희생과 헌신이 필요하기 때문이다.

공동체를 세우는 몇 가지 실제적인 방법을 살펴보기 전에, 분명하지만 자주 간과되는 진리에 주목해야 한다. 그것은 삼위일체 하나님께서 우리의 교회가 진정한 공동체가 되기를 원하신다는 것이다. 십자가에 달리시기 전날 밤, 예수님은 그분과 아버지가 하나이듯 우리가 모두 하나 되기를 기도하셨다. 더욱이 사도 바울이 고린도전서 12장에서 같은 어구를 반복하면서 강조하듯이, '한 성령께서' one and the same Spirit 우리에게 각종 은사를 주시며, 그분의 뜻대로 우리를 몸의 특별한 지체로 삼으시고, 모든 지체로 그리스도와 한 몸을 이루신다.

하나님은 우리를 모두 하나 되게 하려고 일하시고, 우리는 그것을 알고 있다. 우리는 그 과정이 우리에게 달려 있지 않다는 것을 알기에 그것을 자유롭게 즐길 수 있다. 우리가 공동체를 세우려고 하는 것은, 하나 되게 하시는 하나님, 곧 우리를 그분의 백성 삼으시고 삼위 하나님의 관계를 보여 주시는 분에게 반응하는 일이다. 우리는 공동체에서 어려움을 겪을 때 하나님께서 그분의 교회를 세우면서 시작하신 선한 일을 완전히 이루려고 일하신다는 것을 확신할 수 있다.

우리가 예배 전에 하는 몇 가지 간단한 일이 진정한 예배 공동체의 가능성을 높여 준다. 예배가 모든 사람에게 열린 것이 되게 하려면 공동체의 삶을 가로막는 장애물을 모두 제거해야 한다. 요즘 많은 교회들이 프로젝터를 사용하고 있지만, 그것은 보기에 불편할 때가 많고, 백내장이 있는 노인들은 볼 수가 없다. 많은 찬송가/복음송, 주보, 그 외 예배에서 사용하는 모든 것을 충분하게 비치하는 것이 좋다. 시력이 좋지 않거나 눈에 이상이 있는 사람들을 위해서는 큰 글씨로 인쇄된 자료들을, 잘 듣지 못하는 사람들을 위해서는 통역자들이나 이어폰을 두고, 휠체어를 이용하는 사람들을 위해서는 문턱이 없어야 한다.

대안적인 기독교 공동체는 포용하는 공동체여야 한다. 우리의 교회는 다양한 연령과 사회 계층과 인종, 그리고 하나님의 백성이 지닌 다양한 은사를 포용하는 쪽으로 빚어지고 있는가? 내가 다니는 교회는 도심에 위치한 흑인 교회이지만, 백인인 나에게 흑인 형제들과 자매들로부터 배울 수 있는 기회를 준다. 그 교회는 이웃에게 헌신적이며, 교회 시설을 스카웃, 아프리카 댄스 교실, 경제 발전 그룹, 지역 흑인 역사 연구회 등의 모임 장소로 제공한다. 그러한 섬김은 교회가 이웃에게 참된 호의를 베푸는 매우 좋은 기회가 된다.

우리 문화의 경계심을 허물기 위해서는 교인들에게 특히 낯선 사람들을 (그리고 서로) 환대하는 방법을 훈련시켜야 한다. 우리 예배는 외부인들을 환영하고, 새로운 사람들을 초대하며, 다른 사람들에게 우리의 믿음을 전하며, 전체 예배에 나오지 못하는 교인들을 보살피도록 우리를 빚고 있는가?

우리 각자는 옆에 앉은 사람을 반갑게 맞이하고, 그들에게 예배 순서를 어떻게 따라 하는지 가르쳐 주며, 성경이나 찬송가를 찾아 주며, 우리가 감당하는 일의 근거와 이유를 구체적인 교육을 통해 설명할 수 있다.

예배에 관한 이 시대의 많은 비판은, 공동체를 세우는 과정을 지속하기 위해서 과거의 습관을 버리고 문화의 특성에 맞는 새로운 자료를 사용해야 한다고 주장한다. 그렇지만 그러한 생각은 위험하다. 왜냐하면 기독교는 일련의 교리적 견해에 대한 단순한 지적 동의가 아니며, 단순히 어떤 정서적/영적 경험에 불과한 것이 아니기 때문이다. 오히려 기독교는 하나의 생활 방식이며, 일련의 습관이며, 문화 전체이다. 우리 예배가 지배적인 문화를 지나치게 따라간다면, 예배자들이 믿음의 독특한 '언어'를 배우고 공동체와 말씀을 통해 그리스도의 제자로 빚어지기 어렵다.

예배자들이 낯선 사람들을 환영하고, 전통적인 의식들이 그에 맞는 내용들을 포함하고 있으며, 인도자 자신들이 무엇을 왜 하는지에 대해 부드럽게 설명하면서 함께 참여하기를 권하며, 노래의 멜로디가 분명하게 연주되거나 선창자의 선창이 있으며, 아무나 인쇄된 악보를 볼 수 있으며, 전체 예배가 개개인이 하나님과의 헌신적 관계 속에서 개인적인 아늑함에 빠지는 대신 모든 사람이 들어갈 수 있는 '공적 공간'으로 계속 열려 있다면, 사람들은 새로운 것과 옛것을 모두 포함하는 예배 음악의 형식에서 자신들이 환대받고 있음을 느낄 것이다. 이 장의 나머지 부분은 거의 모두 진정한 공동체를 세우기 위한 이러한 환대의 원리를 확대한 것이다.

신약 성경이 거듭 강조하듯이 기독교 공동체는 '다양성의 통일체' unity of diversity이다. 우리는 이러한 '다양성의 통일성'을 음악적으로 가장 잘 확인할 수 있는데, 그것은 바로 노래를 배울 때이다. 몸의 지체들이 자신들의 믿음이 특별한 가사와 음악을 통해 어떻게 성장하는지 서로 배우도록 도우며, 공동체를 이루는 서로 다른 사람들이 악기 연주나 노래나 편곡이나 작곡 등에서 각자의 은사를 따라 기여하기 때문이다.

그러나 이렇게 공동체에 기여하는 사람들이 그리스도의 몸으로 드리는 예배에서 다른 모든 사람의 자리를 차지해서는 안 된다. 매주 반복되는 기도문 암송의 경우에는 어린이들이 노래로 참여할 수 있다. 어린이 찬양대가 어른들에게 새 노래를 가르칠 수 있으며, 십대와 성인 찬양대는 회중 가운데서 예배 찬양을 함으로써 어린이들을 인도할 수 있다. 예배를 위한 노래들의 경우에는, 한 주 전 주일학교에서 가르치거나, 전 주에 오르간 연주자나 다른 악기 연주자들이 헌금 시간이나 전주곡/후주곡으로 연주할 수 있다. 이것은 각자를 예배 찬양에 참여시킴으로써 공동체를 세울 수 있는 몇 가지 방법일 뿐이다.

음악은 우리가 시간과 공간을 초월하여 전체 기독교 공동체에 대한 의식意識을 가질 수 있는 중요한 수단이다. 인종과 시대가 다른 그리스도인들의 모임이 찬양을 부름으로써, 다시 말해 우리의 뿌리를 뒤로는 유대 문헌에까지 거슬러 올라가고, 앞으로는 요한계시록에 기록된 천사들의 천국 찬송에까지 나아가게 함으로써 시간과 공간을 초월하여 하나님의 백성을 만나게 된다. 최근에 일어난 가장 좋은 의미의 발전 가운데 하나는, 대부분의 주요 교단이 새로 발행한 찬송가들이 전 세계 음악을 더 많이 담고 있다는 것이다. 도심의 흑인 거주 지역에 위치한 나의 가정 교회에서는 흑인 영가, 루터교 성가, 남아프리카나 떼제Taiz 공동체의 찬양, 현대의 합창곡에 이르기까지 다양한 형식의 노래를 부른다. 우리는 이 시대의 새로운 음악을 선택할 때 매우 신중해야 한다(이 시대의 음악은 이미 대부분이 역사적으로 검증되어 최고의 것들만 남아 있는 찬송가의 음악과는 다르다). 우리는 점점 자기중심주의에 깊이 빠지는 문화에 살고 있기 때문에, 자기중심적이며 교회의 '우리 됨' we-ness을 전달하지 못하는 새 노래를 경계해야 한다. 우리는, 자신을 넘어 그리스도 안에 있는 은혜의 복음을 들고 나가 평화와 정의를 세우면서 주변 세상을 돌보는 선교 공동체로 우리를 무장시키지 않고 개인적인 행복감에만 초점을 맞추는 음악을 피해야 한다.

교회 내 음악가들의 은사를 활용하여 예배 공동체를 세우는 것은 중요하지만 특정한 음악적 기여에 갈채를 보내는 일은 자제해야 할 것 같다. 왜냐하면 그런 갈채는 몇몇 은사가 다른 은사보다 더 많은 조명을 받게 하며, 결국 몸의 모든 지체가 자신의 존재와 찬양이 똑같이 중요하며 자신의 은사도 전체의 유익을 위해 없어서는 안 된다는 것을 깨닫는 데 장애가 되기 때문이다.

예배에는 현수막 제작자, 꽃을 가꾸는 사람, 드라마를 쓰거나 공연하는 사람, 안무가, 예전적인 춤을 추는 사람, 예전禮典 의상이나 강단 의상을 제작하는 사람, 가구를 만드는 사람, 도자기를 만드는 사람, 성만찬을 위해 빵을 굽는 사람의 헌신이 모두 필요하다. 그밖에도 그리스도의 몸을 이루는 많은 지체들이 안내, 주보 제작, 성찬식 준비, 성경 봉독, 기도 인도 등에 자신의 에너지와 기술을 쏟아 부으면서 헌신한다. 그와 관련해서 예배 공간의 장식은 공동체 구성원들의 직업을 반영할 수 있다. 예를 들어 태평양 서안의 해변에 위치한 한 예배당의 아름다운 스테인드 글래스 창문에는, 예수님께서 고기 잡는 제자들을 부르시는 장면이 중심에 있고, 양쪽은 현대의 어부들과 벌목꾼들에 대한 그림들로 장식해 놓았다.

공동체에서 어린이들과 십대들의 은사를 강조하는 것은 매우 중요하다. 뉴욕 주 북부에 위치한 어느 교회에서는 초등학생들이 매 주일 핸드벨 연주를 겸한 찬양으로 전 회중의 시편 찬양을 인도한다. 어떤 교회에서는 자녀들이 부모와 함께 주보를 나눠 주며 봉사하도록 매주 가족 단위로 안내를 맡긴다. 어떤 교회들은 어린이들의 그림을 주보 1면으로 사용하거나 예배 시간에 어린이들이 찬양을 연주하게 한다. 나의 고향 교회에서는 젊은이들이 안내, 본문 봉독, 드라마 공연, 예배 후 교제 시간에 다과를 준비하는 일 등을 한다.

공동체를 세우기 위한 예배에서 특히 중요한 것은 '합심 기도'이다. 많은 교회가 매 주일 몇몇 사람의 이름과 그들의 문제를 내놓고 온 교인이 함께 기도하는 시간을 갖는다. 우리는 교인들의 사역과 직장을 위해 기도함으로써 힘을 얻고, 교회 문을 나설 때 다른 사람들에게 다가가기 위해 함께 예배로 모였다는 의식이 강화된다. 그리고 그러한 진리를 의식적으로 말함으로써 회중이 일상생활에서 서로 지속적으로 도울 수 있게 한다.

교인들은, 기도란 우리가 다른 사람들에 대해 말하는 단어 그 이상이라는 사실을 이해하도록 반드시 훈련되어야 한다. 기도는 하나님의 응답이 나오도록 우리 자신을 그분의 손에 맡기는 일을 포함한다. 따라서 "당신의 뜻을 이루소서"라고 기도한다면 우리가 그분의 뜻을 이루는 대리자가 될 수 있는 방법에 관해 하나님께 지혜를 구하는 것이기도 하다. 예를 들어 함께 몸을 이루는 지체 중의 한 사람을 위해 기도하고, 지체로서 모두 카드나 꽃을 보내며, 음식을 준비하거나 집안일을 해 주며, 아이들을 돌봐 주거나 다른 어떤 방법으로 아픈 지체의 긴장을 풀어 주며, 병원비를 대신 부담해 주거나 병원까지 차로 데려다 줌으로써 '우리의 기도를 실천에 옮기는' 방법을 찾아 본다.

기도는 또한 세계 교회라는 더 큰 공동체에 대한 관심을 증가시킨다. 많은 교회가 매주 세계의 자매 교회를 위해, 교단 선교사를 위해 (특히 본 교회가 후원하는 선교사를 위해), 자연 재해를 당한 지역의 교회를 위해, 수단 남부의 난민처럼 박해받는 그리스도인들과 예루살렘과 베들레헴 근처의 집을 잃은 팔레스타인 난민을 위해 기도한다.

예배의 주된 교육 수단의 하나인 목회자의 설교는 공동체 세우기에서 매우 중요한 역할을 한다. 쉬운 용어를 선택하는 것이 매우 중요하다. 왜냐하면 지속적으로 '우리' 라는 복수형을 사용하여 믿음을 묘사하면, 우리 문화에 만연된 개인주의에서 벗어나게 하는 데 효과가 있기 때문이다. 또한 목회자는 '믿음' 이란 개인적으로 사용하기 위해 쌓는 것이 아니라 우리가 참여하도록 초대받은 선물이며, 사라와 아브라함 이후로 성도들의 공동체를 통해 전해져 온 것이라는 사실을 계속 강조해야 한다(교회의 역사적 신앙 고백을 할 때 우리라는 복수 대명사를 사용하며 서로를 바라보도록 하는 것은 또한 이러한 공동의 믿음이라는 의식을 강화해 준다).

우리는 설교를 통해, 그리고 그 위에 교회를 형성하는 근본 교리를 가르침으로써 공동체를 세운다. 예를 들어 우리가 창조에 대해 믿는 내용은, 모든 사람이 하나님의 형상으로 지음 받았으므로 전체의 몸을 이루는 데 매우 중요한 존재라는 사실을 상기시킨다. 창세기 1장에서 인간에게 맡겨진 하나님의 위임은 우리에게 서로, 그리고 온 세상의 상호 관계를 돌보라고 명령한다.

그와 비슷하게, 성육신 교리는 하나님의 은혜를 서로 실제적이며 가시적인 방법으로 표현하라고 가르친다. 마찬가지로 하나님께서 성령을 우리 위에 부어 주심으로써 성령의 은사가 우리에게 임했으며, 우리의 공동체는 그러한 성령의 은사를 믿기에, 하나 됨을 위해 일할 때도 각자가 소유한 카리스마(은사)의 다양성을 소중히 여길 수 있다. 그 외 교회 공동체 생활의 성장에 필수적인 원리를 제공하는 많은 교리에 대해서도 비슷한 예를 제시할 수 있다.

균형 잡힌 설교는 성경과 교회의 가르침에 있어 공동체에 기여하며 공동체를 강화하는 덕목을 기르고 통찰력을 제시한다. 설교는 또한 환대를 위한 교훈, 합심 기도를 일상생활에 옮기는 데 대한 교훈, 어른들이 교회 어린이들을 영적으로 양육하는 일에 참여하는 데 대한 교훈, 이웃에게 더 다가가는 데 대한 교훈 등 구체적인 교훈으로 공동체를 세운다. 짧은 메시지들은 구체적으로 아주 어린 아이들에게 자신들이 공동체의 한 부분임을 느끼도록 도와 준다. 설교할 때 제시하는 아이들의 학교나 활동에 관한 예화는 아이들에게 자신들이 가치 있는 존재임을 깨달을 수 있게 한다. 성경이 우리를 어떻게 빚는지 보여 주기 위해, 목회자는 교인들의 가정 상황이나 직장의 이야기를 할 수도 있으며(물론 비밀을 지키겠다는 약속을 깨거나 당사자를 당혹스럽게 하는 경우는 예외이다), 그럼으로써 사람들은 예배가 믿음의 습관과 실천에 대해 우리를 함께 훈련시킨다는 사실을 새롭게 깨닫게 된다.

이 장의 목적은 단지 각 교회에서 우리의 특정한 예배를 통해 공동체를 세울 수 있는 방법에 관한 대화를 유발시키는 것뿐이다. 여기서 논의한 개념에 자극을 받아 새로운 생각과 창의성을 갖기를 바란다. 그러나 땜질식 기술이나 속임수는 익히지 않기를 바란다. 우리는 공동체를 조종해서는 안 된다. 우리가 하나 되는 것은 하나님이 주도적으로 하시는 일이다. 그러나 우리는 공동체를 돌보며, 공동체에 방해가 되거나 공동체를 분열시키는 것을 막으며, 공동체를 축하할 수 있다.

강림절은 그러한 이슈들에 초점을 맞추기 좋은 시기다. 우리가 아기 예수의 오심을 고대할 때 예배를 통해 그분을 영접하는 하나의 공동체가 될 수 있기 때문이다. 그러면 강림절은 우리로 하여금 하나님께서 아기 예수를 선물로 주신 데 대해 성령의 능력과 공동체의 지원으로 세상에서 증인이 되게 하며, 다른 사람들에게 다가가는 사역으로 반응하게 한다.

7.

교회는 권위주의가 아니라 권위가 필요하다. 이것은 결코 단편적인 권위가 아니라 항상 은혜로 가득한 공동체의 권위다.

참 신앙을 무력화할 수 있는 잠재력은 언제나 지적 회의론이나 사자 굴에 던져진다는 위협보다는 오히려 문화와의 타협 쪽에 있었다.   *토니 캠폴로

주방장의 기술이냐 교향곡의 지휘냐

내 친구 데이빗 헨드릭슨이 테네시 주 그린빌에 있는 다에드라스Diedra's라는 레스토랑에 관해 이야기한 적이 있다. 그 레스토랑의 주방장은 하루 저녁의 주 메뉴로 딱 세 가지만 준비하며, 레스토랑은 한 주에 사흘, 그것도 저녁 식사 시간에만 문을 연다. 주방장은 정성을 다해 향연을 계획하고 준비하기 때문에 손님들이 그날 준비된 음식을 다 먹고 나면 더는 주문을 받지 않는다. 주방장이 또 다른 세 가지 요리를 준비해서 다음에 문을 열 때까지 기다려야 한다. 모두 그 레스토랑에 가면 최고의 요리를 맛볼 수 있다는 것을 안다. 주방장의 솜씨는 최고다. 음식은 예술적으로 계획되고, 맛있게 요리되며, 세련되게 제공된다.

대규모 체인 레스토랑은 전혀 다르다. 당신이 무엇을 선택하든지 아무도 신경 쓰지 않는다. 내일도 모든 게 오늘과 똑같을 것이다. 접시가 비자마자 다른 접시가 똑같은 가열대나 냉각대에 올라간다. 결국, 선택할 종류가 많을 때는 무엇을 선택하든지 상관이 없다.

비유는 언제나 불충분하다. 이 비유도 분명히 불충분하다. 왜냐하면 어떤 사람들은 그것을 교회가 세 개의 출입구, 즉 예배 형식에 대해 세 개의 선택권을 줘야 한다는 뜻으로 해석할 수도 있기 때문이다. 내가 이 비유에서 말하는 요점은, 고객에게 최고의 서비스를 제공하는 방법을 선택하는 주방장의 기술과 신중함과 권위가 우리에게는 필요하다는 것이다. 목회자와 음악가들은 하나님의 광휘로 그분의 백성을 먹이는 예배를 위해 자신이 가진 최고의 기술을 사용해야 한다.

나는 지금 예배를 잘 드리는 방법이 하나밖에 없다고 말하는 것이 아니다(결코 그런 말을 한 적이 없다). 하나님의 백성이 그분을 예배하는 데 사용할 수 있는 탁월한 양식과 구조와 도구는 얼마든지 있다고 믿는다(하나님의 광휘는 굉장히 커서 우리가 결코 파악할 수 없기 때문이다). 그러나 사람들을 기쁘게 하려고 어떤 형식이나 도구를 선택하는 것은 신중함을 잃은 태도다. 우리는 폭넓고 다양한 자료를 사용하고 세밀한 계획을 세움으로써 모든 사람이 하나님을 더 풍성히 이해하도록 할 수는 있다. 그러나 모든 사람의 입맛에 맞추려고 하는 것은 예배를 잡탕으로 만드는 일이다.

교회가 예배를 잘 드리기 원할 때 반드시 하지 말아야 할 일은 교인들에게 예배에서 무엇을 원하는지를 묻는 설문 조사다. 교인들이 원하는 것이 그들에게 해로울 수도 있기 때문이다. 교회가 하는 일은 소비주의자의 선택에 영합하는 것이 아니라 그리스도인들을 양육하는 것이다.

이것은 분명히 반反문화적인 자세다. 왜냐하면 많은 사람들은 교회가 민주적이어야 한다고 생각한다(그렇게 보인다). 그러나 진정한 교회는 결코 민주적이었던 적이 없으며, 민주적이어서도 안 된다. 교회는 1차적으로 성령주의Spiritocracy, 곧 그리스도를 머리로 둔 하나의 몸이며, **은사주의**(charismacracy, 은사주의는 성령님이 주신 은사, 헬라어로 카리스마를 사용하는 사람들의 리더십을 나타내기 위해 내가 만든 용어다)다.

많은 사람이 월드 와이드 웹World Wide Web이 주는 큰 선물은 세계를 민주화하는 것이라고 말한다. 그곳에서는 누구나 평등하게 참여할 수 있기 때문에 권위 같은 것은 찾아 볼 수 없다. 사이버 공간은 각주도 없고, 계급도 없으며, 누구의 글이든 즉시 비판할 수 있는 세계다. 사이버 공간에 관해 글을 쓰는 사람들은 인터넷이 권위와 계급을 강조하는 종교를 강하게 공격하리라는 것을 알고 있다. 지금 우리는 자유가 강조되는 개인주의적인 환경에서 살고 있다.

그러나 비평가들은 사이버 세계가 평등과 민주주의를 주장하는 것은 눈속임이라는 사실을 깨닫기 시작했다. 사이버 공간은 반드시 접근의 자유가 보장되는 세계가 아니며, 오히려 부와 권력을 소유한 계층이 지배하는 세계다. 더욱이 권위의 결핍은 정보를 저울질할 줄 모르는 포스트모더니즘 세대의 무능력을 확대시킨다. 따라서 인간의 삶은 정돈되지도 않고 의미도 없는 자료가 쌓여 가며 점점 피상적이 되어 가고, 집중력은 점점 떨어지며, 점점 비현실화되고, 실제 경험이 줄어들며 인간미마저 찾아보기 힘들고 의미가 감소하는 '가상의' 삶이 되어 버린다. 게다가 웹 사이트의 급격한 증가로 정보 쓰레기 역시 급격히 증가해 정보를 평가하는 방법이 절실히 필요하게 되었다.

이와는 대조적으로, 우리가 교회 됨을 이룰 때 우리의 교회들은 부와 권력을 가진 계층의 지배를 받지 않고, 오히려 그리스도가 중심이신 몸 가운데서 성령이 주신 은사의 권위로, 성경에 계시되었으며 전체 공동체가 해석한 하나님의 기준에 따라 경중을 재고, 질서를 세우고 분별하며 테스트하는 은사주의의 역할을 하게 된다.

그러므로 나는 지금이, 교회가 자신의 정체성을 아주 분명히 하면서 아무 부끄럼 없이 진정한 권위, 무한한 안정성, 신뢰할 수 있는 안전, 참된 자유라는 선물을 제공해야 할 때라고 생각한다. 아마도 예배는 교회가 의미 있게 반문화적 태도를 취하는 가장 중요한 영역일 것이다. 왜냐하면 예배는 권위(권세) 아래 있는데, 첫째는 하나님의 권세 아래, 그 다음은 은사주의의 권위 아래 있기 때문이다.

예배 인도와 교향곡 지휘 사이에는 유사점이 있다. 교향곡 지휘에 대한 비유가 가치 있는 것은 다음과 같은 면을 강조하기 때문이다.

1. **통일성**unity: 하나의 교향곡은 3-4개의 악장으로 이루어질 때가 많지만(대개 한두 개의 비교적 빠른 악장과 한두 개의 조금 느린 악장으로 구성된다), 그 악장들은 서로 연결되어 있다. 모든 종류의 예술도 마찬가지다. 회화의 요소들도 서로 조화를 이루어야 한다—흥미로울 만큼. 그러나 작품의 일관성을 해치지 않을 정도의 다양성이 필요하다. 예배의 요소들도 반드시 서로 조화를 이루어야 한다.

2. **움직임**movements: 하나의 교향곡이라도 분위기, 음색, 빠르기가 음절이나 단락마다 매우 다양하다. 그와 마찬가지로, 고백과 사죄의 음색도 찬양과는 매우 다르다.

3. **전개**progression: 교향곡이 절정과 결말을 향해 가기까지는 하나의 흐름이 있다. 마찬가지로 예배는 복음서 낭독과 성만찬에서 절정에 이르지만, 그것들을 둘러싼 예전禮典은 예배에 들어올 때부터 사역으로 나아가기까지의 과정을 전개한다.

4. **악보**musical score: 연주해야 할 구체적인 악보가 있는 것처럼 예배에도 주제가 있으며, 주제는 대개 그날 정해진 본문이나 목회자가 선택한 본문에 따라 결정된다. 선곡에는 무수한 가능성이 있다. 선택 가능한 교향곡이 수천 개가 넘으며, 선택할 수 있는 본문의 범위도 넓다. 그러나 연주자는 곡에 충실해야 하며, 목회자는 본문에 충실해야 한다(이 부분에서 비유를 지나치게 확대하는 것은 불가능하다. 왜냐하면 악보가 요구하는 정확도는 예배의 요구를 훨씬 능가하기 때문이다. 우리는 작곡자를 교회로 보고, 특정한 교회의

예배 위원회를 편곡자로 봄으로써, 이런 문제를 피할 수 있을 것이다).

5. **다양성**diversity: 교향곡마다 다양한 악기의 편성이 필요하다. 예배는 또한 하나님의 풍성한 광휘를 나타내기 위해 다양한 음악 소리를 요구한다.

6. **무수한 형식**numerous style: 교향곡은 화음이 적은 것에서 많은 것에 이르기까지, 로맨틱한 곡에서 행진곡에 이르기까지, 재즈에서 라틴 리듬이나 아프리카 리듬에 이르기까지, 유럽의 멜로디에서 아시아의 멜로디에 이르기까지 모든 시대 모든 지역의 매우 다양한 소리와 맛을 포용한다. 마찬가지로 교회 음악은 시대와 공간을 초월하여 하나님의 모든 백성이 가진 은사를 수반한다.

7. **관계**relationship: 지휘자는 음악의 정신에 가장 충실해야 한다(이 부분에서 악보와 작곡자는 귀중한 안내자이다). 마찬가지로 예배 인도자의 더 높은 권위는 하나님이다(그분에게는 공동체와 성경이 믿을 수 있는 호위대다). 교향곡을 잘 연주하기 위해서는 다른 관계들도 반드시 필요하다. 지휘자는 연주자들과 긴밀하게 협조한다. 예배에서도 목회자와 음악가는 한 팀이 되어 함께 일하며, 두 사람 모두 자신이 섬기는 특별한 회중을 위해 자신이 드릴 수 있는 최고의 예배를, 예배 위원회와 함께 계획하고 실행한다.

8. **권위**authority: 지휘자는 연주할 때 필수적인 권위를 행사한다. 그렇지 않다면 각각의 연주자는 자기가 하고 싶은 대로 연주할 것이다. 그리고 지휘자를 세우는 것은 그가 작곡가들, 그들의

음악 그리고 그 음악을 해석하는 법을 알기 때문이다. 마찬가지로, 목회자와 음악가는 예배의 기술에서 나머지 회중의 멘토이며, 자신의 전문 지식을 활용하여 예배의 요소를 선택하고 시행하는 권위를 행사한다.

교회는 권위주의가 아니라 권위가 필요하다. 이것은 윗사람과 아랫사람이 있었던 백부장이 표현한 권위다(마 8:5-10을 보라). 이것은 결코 단편적인 권위가 아니라 항상 은혜로 가득한 공동체의 권위다. 이 권위를 행사하는 구체적인 방법에 대해서는 이견이 많겠지만, 본질적인 것은 이것이 **성령주의와 은사주의**의 과정이어야 한다는 것이다.

이것은 자신의 영적인 삶을 풍성하게 하기 위해 매일 경건의 시간을 갖고, 정기적으로 안식일을 지키며, 성경에 나타난 하나님의 계시와 말씀 자체를 부지런히 탐구하고 또 그에 복종하며, 예배의 의미와 교회가 지켜 온 예배의 관습을 연구하고, 가장 일관되고 좋은 방법으로 회중이 그날의 본문에 계시된 하나님의 광휘에 잠기도록 하는 계획을, 회중의 음악가들과 예배 위원회와 함께 세우는 목회자의 권위다.

또한 이것은 교회 음악을 연구하고, 자신의 기술을 부지런히 연마하며, 각 예배의 성경적 기초를 이해하기 위해 혼자 연구하고 목회자와 협력하며, 회중을 멜로디와 찬송 가사와 합창곡과 악기 연주에서 계시되는 하나님의 광휘에 잠기도록 하는 최선의 음악을 찾기 위해 훈련 세미나에 참석하고, 새로운 자료를 찾는 음악가의 권위다(그가 기타 연주자, 오르간 연주자, 플룻 연주자, 싱어, 성가대 지휘자, 또는 다른 어떤 사람이든 간에).

그리고 이것은 영적으로 부지런하며, 정기적으로 성경 공부와 예배에 참여할 뿐 아니라, 예배 세미나나 그밖의 교육에도 기회 있을 때마다 참여하고, 목회자와 음악가들과 한 팀으로 함께 일하는 데 헌신하며, 나머지 교인들의 말과 제안을 열린 마음으로 듣고, 회중이 모든 순서를 통해 하나님의 광휘에 잠기는 예배를 계획하는 데 열심을 내는, 다양한 사람들(나이, 인종, 사회적 계층, 전문적인 수준이 제 각각인)로 구성된 예배 위원회의 권위다.

바꾸어 말하자면, 이것은 은사를 받은 공동체, 곧 성령의 인도 아래 하나님께 지속적으로 초점을 맞추며, 회중들을 진정한 공동체로 하나 되게 하며, 성도들을 그리스도의 충성스런 제자로 빚는 예배를 드리기 위해 함께 의논하는 공동체의 권위다.

회중은 이러한 권위 아래서 예배를 마치 아무것도 제대로 준비되어 있지 않고, 고객이 무엇을 먹든 상관하지 않는 대규모 체인 레스토랑처럼 만드는 (입맛을 둘러싼) 싸움에 가담할 수 없다. 오히려 예배는 가정 요리처럼—디에드라 레스토랑의 주방장만이 하는—될 것이며, 그 결과 눈과 영혼에도 먹음직스러울 뿐 아니라 영양 만점인 음식이 탄생할 것이다. 이 음식은 예배자들이 받는 생명의 떡이 될 것이다.

독자들이 여기 제시된 원리들이 우리가 '예전적'禮典的 교회라고 부르는 교회, 즉 수백 년 간 내려온 예배 순서를 사용하는 교회에만 적용된다고 생각하지 않도록 하기 위해 몇 가지 설명을 덧붙인다. 교회 마케터들이 "예전禮典, liturgy은 현대인들에게 호소력이 없다"고 말하면서 '예전적' 교회들을 계속 공격하는 것은, 예전이 무엇인지 제대로 이해하지 못하기 때문이다. 레이투르기아leitourgia라는 말은 단순히 '그 사람들의 일'the work of the people이란 뜻이다. 대부분의 교회에서 예배자들은 함께 찬송하고, 속으로 또는 소리내어 기도한다. 그러므로 예전이란 말의 본래 의미에 따르면 모든 교회가 예전적이다. 우리 시대에 '예전'이라는 단어는 대개 교회의 예배 순서를 의미하는데, 사실 모든 예배에는 일종의 순서가 있다. 대부분의 교회는 전통적인 가톨릭 미사의 패턴을 따르지 않지만, 대개 시간이 지나면서 예배의 관습이 정착되어 매주 그대로 시행된다. 인정하든 인정하지 않든 간에, 대부분의 예배는 예전의 성격을 따른다.

성경은 회중과 함께 찬양하며, 감사함으로 여호와께 노래하고, 기도하며 들으라고 우리를 계속 초대한다. 따라서 우리는 특정 교회의 관습이나 예전이 모든 회중의 참여를 유도하는지를 물어보아야 한다. 우리의 목적은 모든 예배자가 하나님을 만나는 데 적극적으로 참여할 수 있는 분위기를 조성하는 것이다. 목회자나 음악가들만이 공연자가 되어서는 안 된다.

어떤 교단들은 더 정형적인 예전을 가지고 초대교회까지 거슬러 올라가는 예전적인 요소를 사용하여 예배 자료를 시간과 공간을 초월하여 다른 기독교 공동체와 공유한다. 이러한 전통적 예전은 그 자체로는 지루하지 않지만 신중하게 적용되지 않을 경우 지루해질 수 있다. 예전을 어떻게 시행해야 한다는 절대적인 기준은 없지만, 성경은 우리에게 충실함과 품위와 질서와 집중을 요구한다. 목회자와 음악가와 회중이 모두 함께 교향곡을 연주하되(앞에서 제시한 유비를 다시 사용하자면), 예배의 모든 면을 '음악으로 만드는' 예술적 감각을 살려서 연주해야 한다. 어떤 양식이나 형식이든지 적절하게 사용해야 한다.

이러한 예전 의식의 좋은 예가 있다. 어느 가을 매사추세츠의 고든 컬리지Gordon College 채플에서 있었던 예배에서 모든 사람은 각기 다른 종류의 음악으로 예배에 참여했으며, 새로운 자료와 옛 자료를 광범위하게 사용했다. 한 학생 중창단이 현대적인 노래 두 곡을 불렀다. 하나는 하나님의 임재를 상기시키는 것이었고, 다른 하나는 예레미야애가 3:22-23에 곡을 붙인 것이었다. 그 가운데 한 곡은 내게 익숙하지 않은 것이었다. 그래서 나는 다른 사람들도 그럴지 모른다는 생각에서 중창단에게 노래하기 전에 모든 사람이 가사와 멜로디를 분명하게 들을 수 있도록 해 달라고 미리 부탁했다. 학생들은 모두 참여할 수 있도록 두 가지를 모두 훌륭하게 해 냈다.

이번에는 다른 학생들이 나와서 교회 됨을 촉진하는 예배로의 부르심을 제시하고 기도를 했다. 예배 계획에 관한 내용을 담은 선언까지도 포스트모더니즘 세계에서 진정한 기독교 공동체가 되라는 도전을 주제로 한 나의 설교와 잘 맞았다. 우리는 "은혜의 하나님과 영광의 하나님"God of Grace and God of Glory이라는 찬송으로 예배를 끝맺었다. 예배의 모든 것과 모든 사람이—새로운 음악과 옛 음악, 기도자들과 메시지, 학생들과 교수들—하나님께 '오늘을 사는 지혜와 용기를' 얻으려고 함께 움직였다.

포스트모더니즘 세계에서 절대적이거나 객관적인 진리가 있다고 믿는 사람은 거의 없으며, 대부분의 사람들이 모든 형태의 권위를 거부하고 싶어한다. 이러한 포스트모더니즘 세계에서 우리 신학자들이 지속적으로 검증된 교회의 동의를 거쳐 그리스도인의 삶과 예배의 규범으로 어떤 것들이 인정되었다고 말하려 하면, 사람들은 우리의 견해를 다른 사람들에게 강요한다면서 쉽게 비난한다.

물론 모든 행동을 변명하고 모든 사람이 자신이 원하는 대로 선택하도록 하는 것이 더 쉬울 것이다. 그러나 다른 사람들이 하나님의 인간을 창조한 계획에 거역하도록 내버려 둔다면, 우리가 정말 그들을 사랑하는 것인가? 오히려 우리를 향한 하나님의 무한한 사랑과 자비는 그분의 말씀에 충실하려고 노력하라며 우리를 강권한다. 우리의 바람이 성경의 내러티브들을 통해 하나님의 백성으로 빚어지는 것이라면, 우리는 자신이 지닌 가장 좋은 도구로 성경을 연구하고, **성령주의**Spiritocracy 가운데서 전체 교회a whole Church로부터 배운 것에 복종해야 한다. 그것은 하나님의 말씀을 억압적인 것으로 만드는 것이 아니다. 왜냐하면 성경은 하나님께서 은혜로 좋은 것을 명하시고, 그분의 백성을 그분이 보시기에 가장 좋은 삶을 살고 싶어하는 성도들로 바꾸신다는 사실을 우리에게 확신시키기 때문이다.

그와 비슷하게, 나는 우리가 몇 가지 기준—우리가 예배에서 하는 일들을 평가하고, 하나님의 선물을 적용하는 더 나은 방법을 익히며, 성경에 충실한 최고의 예배 양식과 자료를 주의 깊게 선택하고, 특정한 '형식'의 예배를 옹호하는 사람들 사이의 갈등, 이를테면 목회자와 음악가 사이의 갈등, 교역자와 평신도 사이의 갈등을 완화하는 데 사용되는 몇 가지 기준—을 하나님의 말씀에서 도출할 수 있다고 확신한다. 예배는 도덕적 문제다(다시 말해, 어떤 선택은 다른 것보다 더 낫거나 더 나쁘다). 왜냐하면 예배를 드리는 방식이 예배자들을 자기중심적이며 내향적인 사람부터 십자가를 지는 종으로서 예수님을 충실히 따르는 사람에 이르기까지 다양하게 빚을 수 있기 때문이다.

말씀은 우리가 교회의 은사주의를 통해 예배를 더 신학적으로, 더 성경적으로, 더 충실하게 생각하도록 돕기 위해 어떤 질문을 던져 주는가? 나는 예배의 문제를 다루는 글을 쓸 때마다, 내가 믿기에 우리가 예배에서 무엇을, 왜 하는지를 평가하도록 성경이 제시하는 근본적인 기준을 특히 강조한다.

그 기준은, 하나님은 무한 중심이시고, 예배는 교회의 몸을 세우며, 성도들은 믿음과 삶에서 영양분을 공급받는다는 것이다. 물론 이러한 기준이 세계 여러 곳에서 수많은 선택으로 이어질 수 있겠지만, 결코 모든 사람의 입맛을 만족시킨다는 뜻은 아니다. 단지 이러한 기준을 우리의 주된 지침으로 삼는다면, 우리는 하나님의 권세/권위를 발견할 것이며, 그 아래서 모든 몸과 더불어 우리의 권위를 행사하면서, 목회자요 교사로서 받은 은사를 따라 예배를 아름답게 인도하게 될 것이다. 빌립보서 2:9-11에 예언된 그리스도의 통치가 완성되며, 전하는 자와 메시지가 마침내 완전히 하나 되는 그날까지.

8.

우리의 모든 선택은 하나님의 말씀으로 충성스럽게 빚어지려는
우리의 바람에 달려 있다는 것을 기억하라.

상대가 자신이든 타인이든 '우리 안에 있는 하나님 나라'의 충만한 삶을 훈련할 때 첫째로 해야 할 일은 하늘에 계신 우리 아버지를 모든 '천지' 만물의 창조자요 섭리자로 제시하는 것이다   *달라스 윌라드

우리가 물어야 할 질문들

이 장에서는 우리가 음악, 예전禮典 형식, 설교—우리가 예배에서 하고, 보고, 듣고, 맛보고, 만지는 모든 것—를 결정하는 데 지침으로 사용할 수 있는 몇 가지 기준을 살펴본다. 그러나 무엇보다도 먼저 예배에 관한 좋지 않은 결정을 낳는 두 가지 주된 문제를 강조해야겠다.

첫째, 사람들이 일하기를 꺼린다는 점이다. 좋은 예배를 위해서는 노력이 필요하다. 예배를 계획하는 사람들과 예배자들이 똑같이 노력해야 한다. 우리가 반드시 지적해야 할 문제는, 많은 교회가 예배를 '그 사람들의 일' *leitourgia*이 아니라 단지 사람들을 기쁘게 하는 것으로 바꿔 버렸다는 것이다. 그렇기 때문에 많은 교회들은 단순히 즐겁거나, 느긋하거나, 아무 생각이 없거나, 세상과 똑같거나, 성공하거나, 지금까지 내려온 교회the Church의 모든 것을 거부하려는 소비자들의 바람에 굴복한 것이다. 내가 지금까지 상황을 조금 지나치게 표현했다는 것은 알고 있다. 상황을 조금 과장한 것은 의도적이었다. 매우 많은 교회 지도자들이 예배자들에게 아무것도 요구하지 않는 것이 무척 걱정되었기 때문이다.

물론 내가 모든 면에서 예배자들을 무척 힘들게 하는 반대쪽의 극단적인 태도를 옹호하는 것은 아니다. 그러나 두 극단 사이에서 교회가 한 번 왔던 사람들이 다시 오도록 예배를 쉽게 만들기 위해 우리가 할 수 있는 모든 것을 다해야 한다는 **현재의 생각을 없애기 위해 할 수 있는 모든 것을 하는 것이 중요하다**. 그들을 다시 오게 하는 가장 좋은 방법은, 그들을 따뜻하게 환대하여 하나님의 풍성한 비전을 보여 줌으로써 하나님이야말로 꼭 필요한 분이심을 깨닫게 하는 것이다.

이를 위해서는 예배를 계획하는 사람들이 많은 노력을 해야 한다. 그런데 슬프게도 우리 시대에는 그 일을 잘 할 수 있도록 훈련을 받는 사람들이 점점 줄어들고 있다. 따라서 둘째로 큰 문제는 예배를 계획할 수 있는, 자격을 갖춘 사람이 부족하다는 것이다. 칼 도란과 토마스 트로저는 이렇게 말한다. "게임을 모르는 사람에게 코치를 부탁하는 일은 없다. 그런데 '듣기'라는 간단한 행위를 비롯해 음악의 기본을 전혀 모르는 예배 위원회와 목회자들이 음악적 판단을 내리는 경우는 빈번하다."

듣는 법을 배우고 시간과 공간을 뛰어넘어 교회의 예배를 연구하며, 새로운 음악과 양식을 탐구하며, 성경 본문을 깊이 공부하며, 신학적으로 생각하며, 더 나은 질문을 던지며, 리더로 다른 사람들과 충분한 대화를 나누는 것들은 예배를 잘 계획하기 위해 반드시 노력해야 하는 부분이다. 과거에 교단들이 특정한 전례를 일일이 정하거나 미사가 어디서나 동일하게 시행되었던 때는 그것이 어렵지 않았다.

그러나 우리는 지금, 세상 속에 있고 세상이 다가올 수 있게 하면서도 세상에 속하지 않은 채 세상과 구별되기 위해서는, 매우 세심하게 주의해야 하는 시대에 살고 있다. 예배는 다른 문화, 즉 하나님 나라의 문화를 선포하기 위해 문화의 도구들(언어와 음악과 연설의 양식들)을 사용하기 때문이다.

교회를 둘러싸고 있는 문화 속에서 사람들을 보살피고, 교회가 주변 문화와 반대될 때가 대안 공동체라는 사실을 알며, 문화의 요소들이 교회 예배에 활용될 수 있는 도구를 제공한다는 것을 인식하고 있다면, 우리는 어떤 양식을 채용할 수 있고, 또 어떤 질문들이 우리의 선택을 이끌 수 있는가?

다음에 제시된 16개의 모든 항목을 뒷받침하는 기본적인 질문은 우리가 예배를 위해 선택하는 것이—우리의 음악, 기도, 설교, 건축, 그 외 모든 것이—하나님을 위한 예배의 목적에 적절한가 하는 것이다. 이 장의 질문들을 제시한 주된 이유는 우리가 이 시대에 예배에 관해 더 신학적이어야 하기 때문이다. 입맛을 만족시키려는 노력으로 인해 많은 예배가 인간 중심이 되었기 때문이다.

더욱이 이러한 질문들은 대화의 공동체 내에서, 즉 교회의 행복과 충성스런 제자의 삶을 통해 교회가 세상으로 나아가는 것에 관심이 있는 사람들의 교제 가운데서 논의되어야 한다. 우리는 서로 다른 견해를 초월해 있는 진리를 더 잘 이해할 수 있도록 서로 더 깊은 대화를 나누어야 한다. 우리의 모든 선택은 하나님의 말씀으로 충성스럽게 빚어지려는 우리의 바람에 달려 있다는 것을 기억하라. 우리의 선택과 창작은, 공동체의 구성원들이 시와 찬미와 신령한 노래로 서로 가르치고 권하라는 골로새서 3:16의 권면에 따라 이루어져야 한다. 이제 하나의 공동체로서 함께 논의해야 할 질문들을 살펴보자.

1. 하나님의 성품과 간섭을 나타내기에 적합한 것은 무엇인가?

하나님이 우리가 그분을 예배할 수 있게 하는 예배의 주체라면, 우리가 예배를 위해 선택하는 요소들은 성경과 그분의 백성의 공동체에 계시되는 하나님의 모습who God is에 충실해야 한다. 우리 하나님은 어떤 하나님이며, 그분의 다양한 속성과 그분이 세상에서 일하시는 많은 방법을 가장 잘 드러내는 예배의 도구는 무엇인가?

요즘은 하나님과 우리의 친밀감이 많이 강조되고 있는 것 같다. 그러나 우리는 하나님의 경외스러움을 어떻게 파악하는가? 그분의 신비를 어떻게 파악하는가? 그분의 진노를 어떻게 파악하는가? 예를 들어, 왜 우리는 예배에서 애도의 시편lament psalm을 거의 사용하지 않는가? 기독교는 하나의 언어요, 하나님을 말하는 한 방식이며, 하나님께 반응하는 삶이 아니던가. 우리는 더는 기독교적이 아닌 문화 속에서 하나님에 관한 성경적 어휘에 충실한 동시에 주변 사람들이 이해할 수 있는 새로운 연결 언어 bridging language를 만들어 내야 한다.

나는 우리가, 전도에서 문화 쪽으로 조금 기울어야 한다고 생각한다. 그러나 예배에서는 하나님 쪽으로 좀더 숙이고 그분의 언어를 더 충실하게 들어야 한다(여전히 사람들이 우리에게 접근할 수 있도록 하면서). 우리는 별도의 수고가 따르더라도 하나님의 광휘를 상업화된 언어로 바꿔 버리는 일은 피해야 한다. 상업화된 언어가 우리 시대의 주된 언어이기 때문이다.

내가 강사로 초대되어 설교했던 어느 교회는 예배 전에 주보 맨 위에 있는 다음과 같은 글귀를 묵상하게 함으로써 그러한 시각을 강조했다. "우리는 예배 전에 하나님께 말합니다. 하나님께서는 예배 중에 우리에게 말씀합니다. 우리는 예배 후에 서로 말합니다. 자리에 앉아 고개 숙여 조용히 기도하시기 바랍니다."

2. **가사의 표현은 적합한가?** 이 질문은 시적인 기술에 관한 것이다. 하나님은 무한히 놀라우신 분이기에 우리는 그분을 예배하기 위해 가능한 한 가장 좋은 표현을 선택하고 싶어한다. 단순히 시(가사)가 문법적으로 부정확하거나 쓸데없이 (또는 깊이 없이) 반복되거나, 분명하지 않은 구절을 담고 있기 때문에 적절치 못할 때가 많다.

우리는 본문(가사)이 하나님의 광휘에 깊이 잠기게 하며, 그분을 예배하려는 열정으로 가득하게 하고, 그분의 교회에 참여한 상태에서 나와야 한다는 것을 보여 주는지 반드시 물어보아야 한다.

3. **곡은 적합한가?** 이 질문은 본문(가사)이 아니라 음악(곡)의 탁월함을 다룬다는 것 외에는 2번과 동일하다. 우리는 곡의 멜로디, 화음, 반주, 리듬, 템포, 조밀함, 전개 등을 살필 수 있다. 무수한 '형식'style의 음악을 사용할 수 있다. 그러나 곡 하나 하나의 형식이 어느 정도의 완성도를 보이는지 판단해야 한다. 더 새로운 찬양 가운데는 겨우 세 마디와 두 개의 화음만 계속 반복되는 지루한 것들이 있다. 이전 시대의 단조로운 찬양들은 대부분(전부는 아니라고 하더라도!) 사라졌다. 우리는 하나님께 가장 좋은 것을 드리기를 원한다. 하나님은 우리의 가장 좋은 것을 받기에 합당하신 분이기 때문이다.

4. **곡과 가사가 잘 어울리는가?** 곡이 가사와 잘 맞는가? 빠르기는 가사에 맞는가? 곡은 정직한가? 다시 말해서 곡이 우리 문화의 상업 음악과는 대조적으로 감정을 교묘히 조종하지는 않는가? 거의 모든 사람이 쩌렁쩌렁 울리는 금관 악기 소리로는 하나님의 부드러움을 파악할 수 없다는 데 동의할 것이다. 그렇다면 어떤 종류의 소리와 어휘가 하나님의 위엄을 잘 나타내는가?

사람들이 자주 부르지만 조화롭지 못한 '현대' 찬양 가운데

"여호와 우리 주여 주의 이름이 온 땅에 어찌 그리 아름다운지요"(시 8:9)라는 시편에 곡을 붙인 것이 있다. 물론 가사는 성경적이지만 곡은 (사전적으로 '매우 광대하다', '고귀하다', '고결하다', '당당하다'라는 뜻이 있는) '위엄스럽다' majestie와 거리가 멀다. 뿐만 아니라 멜로디 역시 대개 '크다' great, '강하다' mighty, '고상하다' noble, '장엄하다' princely로 정의되는 이 단어의 히브리 원어와 맞지 않는다.

그것은 입맛의 문제가 아니다. 나는 곡이 마음에 든다. 그러나 가사 없이 멜로디만 듣는다면 이 곡의 음색이 당당하기보다는 쾌활하며, 숭고함보다는 떠들썩함에 가깝고, 행진 깃발보다는 저속한 휘파람에 어울린다. 어떤 사람도 이 멜로디를 당당하다고 말하지 않을 것이다. 이 찬양이 교회에서 지속적으로 사용된 결과 많은 사람이, 특히 젊은이들이 '위엄스럽다'라는 단어의 실제 의미가 무엇인지 알지 못하게 되었다.

옛 음악이든 새 음악이든 간에, 모든 종류와 양식의 음악이 때로는 적합하지 않게 사용될 수도 있다. 어느 주일에 똑같은 종류의 부조화를 경험한 적이 있다. 오르간 연주자가 "주여, 자비를 베푸소서"Kyrie Eleison라는 찬송의 멜로디를 매우 빠르게 연주해서, 우리는 우리에게 주님의 자비가 필요하다는 것을 인정할 수 없었다. 또한 마치 기도문을 생각하지 않고 있으며, 우리에게 기도문을 묵상할 시간마저 주지 않으려는 것처럼 지나치게 서두르는 목회자 때문에 기도문은 웅얼거림이 되어 버렸다.

지금까지 살펴본 네 개의 질문은 우리가 예배에서 부르는 모든 노래에 대해 그 곡과 가사가 적절하며, 그 둘이 잘 맞는지 평가해 보아야 한다는 점을 강조한다. 이와 관련하여, 우리는 빠르기와 음색이 우리가 부르는 가사와 잘 맞는지 물어보아야 한다. 이러한 것들이 우리가 하나님이나 하나님의 백성이나 세상에 대해 말하고 노래하는 내용과 잘 어울리는가?

5. 그리스도를 따르는 사람들의 인격 형성에 적합한 것은 무엇인가? 우리가 드리는 예배의 요소들은 우리를 어떤 종류의 사람으로 빚고 있는가? 우리는 하나님께서 우리를 불러 되라고 명하시는 사람들, 그리스도를 본받는 자들, 그분의 형상을 보여 주는 자들이 되어 가고 있는가?

우리는 과거에 감정을 지나치게 억눌렸던 교회들과는 대조적으로 감정을 지나치게 강조하는 문화에 살고 있다. 물론 우리의 느낌이 중요하다는 것은 부인하지 않는다. 그러나 인격 형성을 위해서는 우리의 감정의 통로를 바꾸고, 감정을 훈련시키며, 감정을 우리가 아는 것에 복종시키며, 더 깊게는 하나님께서 계시해 주신 우리를 위한 그분의 뜻에 복종시켜야 할 때가 많다.

그리스도인의 인격은 '(우리의) 마음을 새롭게 함'으로써(롬 12:2) 하나님의 계시(성경)와 그리스도의 몸 된 교회의 지혜를 통해 일하시는 성령의 역사로 인해 성숙된다. 예배는 좋은 느낌이 아니라 선하게 되는 것과 관련이 있다.

6. **보편 교회**Church catholic**라는 의식을 발전시키는 데 적합한 것은 무엇인가? 우리가 예배에서 하는 것이 예배자들에게 그들이 시간과 공간을 초월하여 전체적인 하나님 백성의 일부라는 깊은 인식을 어떻게 심어 줄 수 있는가?**

찬송가의 큰 장점 가운데 하나는 함께하는 모든 사람의 지혜를 따라 예배로 하나 되는, 더 큰 교회에 대한 의식을 심어 준다는 것이다. 교회the Church의 공통된 신앙을 고백하고 주기도문을 암송하며, 상투스*Sanctus*를 노래하며, 주의 만찬이 우리를 모든 곳의 모든 그리스도인들과 연결시킨다는 것을 기억하며, 교단이 다르거나 주류를 이루는 인종이 다른 교회들과 연합으로 예배를 드리는 이 모든 일이 우리가 모든 성도와 함께 교회를 이룬다는 의식을 우리의 마음에 심는 데 도움이 된다.

7. **이곳에 공동체를 세우기에 적합한 요소는 무엇인가? 어떻게 예배가 우리를 진정한 공동체로, 서로 깊이 보살피고 하나 됨 속에 다양성을 부여하며, 주변 세상에게 다가가는 사람들로 만들 수 있는가? 어떻게 우리가 예배를 위해 사용하는 것이 우리를 서로 갈라 놓는 기술이 고도로 발달된 환경의 풍랑을 막아 낼 수 있는가? 어떻게 우리의 노래와 설교가 '우리'라는 의식을 더 많이 심어 줄 수 있는가?** 우리는 어떻게 하면 사람들이 속도를 늦추어 지나치게 바쁘고, 지나치게 거대하며, 지나치게 잘못된 길로 향하며, 지나치게 많은 선택으로 가득한 문화적 환경에서 벗어나

우리가 물어야 할 질문들 127

진정한 친밀감을 쌓게 할 수 있는가?

우리는 낯선 사람들을 배척하는 포근한 엘리트주의를 피해야 하고, 우리 예배에서 낯선 사람을 포함하여 누구든지 들어올 수 있는 열린 공간을 만들어야 한다. '꿔다 놓은 보릿자루'는 하나도 없어야 한다. 예배는 입맛의 문제가 아니며, 내가 좋아하지 않는 찬양이라도 전체 몸을 위해 부르는 것이 공동체의 한 부분으로서 내가 감당해야 할 책임이라는 것을 제시해야 한다.

8. 회중의 참여 능력을 높이기에 적합한 것은 무엇인가? 어떻게 하면 모든 사람이 우리가 사용하는 찬양을 함께 부르고, 예배의 축복에 참여하며, '그 사람들의 일'을 함께하게 할 수 있는가? 예를 들어 어떻게 하면 노인들이나 거동이 불편한 사람들, 휠체어를 타는 사람들이나 내 친구 가운데 하나처럼 사지가 마비된 사람들, 직접 찾아가야 하는 사람들, 알콜 중독에서 회복되는 중이기 때문에 포도주를 원하지 않는 사람들, 포도주와 포도 주스에 알레르기가 있는 사람들까지도 성찬에 참여하게 할 수 있는가? 지시 사항은 낯선 사람도 어떻게 해야 할지 알 수 있을 만큼 분명한가?

9. 예배의 시간과 장소에서 사람들의 은사를 더 많이 활용하기에 적합한 것은 무엇인가? 우리는 예배의 주제들을 드러내기 위해 어떤 새로운 기술을 사용할 수 있는가? 가사를 드러낼 춤이나 상

징으로는 어떤 것이 있는가? 성경 낭독에 더 많은 예배자들을 참여시키기 위해 어떤 새로운 양식을 사용할 수 있는가? 어떻게 하면 예배 참석자들에게 단지 헌금만을 드리는 게 아니라는 사실을 깨닫도록 도울 수 있는가? 어떻게 하면 몇몇 특정한 은사가 높임을 받거나 특정한 사람들이 다른 사람들을 배척하는 것을 막을 수 있는가? 어떻게 하면 모든 사람이 동참하게 할 수 있는가? 어떻게 하면 아이들이 예배의 은사에 더 적극적으로 참여할 수 있는가? 십대들이 어떤 지도력을 발휘할 수 있는가?

10. **하나님의 통치를 그 모든 진리와 아름다움과 선과 함께 그려 내기에 적합한 것은 무엇인가?** 이 물음을 9번 물음 다음에 제시한 것은, 교회의 상징들이 구도자들을 소외시킨다는 말을 듣자 교회가 기독교의 독특함을 숨긴 채 교회를 세우려고 하는 것처럼 보이기 때문이다. 이와는 반대로 나는 한 교회의 교인들이 외부인을 환대하고 초청할 때 그것들이 무엇을 상징하는지 설명할 수 있도록 훈련받는다면, 예배의 도구들은 예배를 놀랍도록 풍성하게 할 수 있으리라고 확신한다. 어떻게 하면 예배 공간이 진리(설교와 찬양에서), 아름다움(예배 공간에서), 선(사람들의 환대에서)의 철학적 트리오의 균형을 유지하면서 하나님의 광휘를 드러낼 수 있는가? 선은 진리와 아름다움이 처음 교회를 찾은 사람들을 지나치게 압도하지 않도록 해 준다.

11. 선교의 공동체를 만드는 데 적합한 것은 무엇인가? 우리가 예배에서 하는 것이 어떻게 우리를 대안 공동체의 언어에 잠기게 하고, 하나님의 통치를 세상에 전하며 그분의 임재를 한 주 내내 전파하려는 열정을 품고 교회를 나서도록 할 수 있는가? 어떻게 우리 예배가 공동체의 구성원들에게 일상생활에서 자신의 은사(선물)를 세상에 나눠 주게 하는가?

찬양과 설교는 예배가 우리의 기분을 좋게 하는 개인적인 아늑함이 아니라 우리의 섬김이 필요한 세상에서 우리를 제자로 만드는 공적인 무장의 시간이라는 사실을 우리에게 인식시켜 주는가? 우리가 보는 하나님의 광휘가 어떻게 우리 속에서 그분의 모든 피조물을 향한 하나님의 사랑이 끓어오르게 하는가? 예배의 어떤 음악과 가사가, 그리고 어떤 양식과 요소가 주린 자를 먹이고, 헐벗은 자를 입히며, 집 없는 자를 위해 집을 지으며, 갇힌 자를 돌아보며, 화해의 대리자로 행동하며, 버림받은 자들을 위로하며, 한 주 동안 일상생활에서 이루어지는 우리의 모든 행동을 통해 세상에서 이루어지는 하나님의 통치의 복된 소식을 이웃과 나누도록 우리를 준비시키는가?

12. 세상에서 겪는 아픔을 덜기에 적합한 것은 무엇인가? 어떻게 우리의 기도와 찬양과 설교가 우리가 섬길 수 있는 사람들의 필요에 계속적으로 마음을 쓰게 만드는가?

암이라는 진단이 나왔을 때, 나는 하나님의 성품과 간섭에 초점을 맞춘 진정한 찬양의 노래가 아니라 기쁜 노래happy songs만을 부르는 곳에서는 도저히 예배를 드릴 수 없었다. 기쁨 하나만으로는 우리 삶의 불균형과 어울릴 수 없었으며, 이는 또한 하나님—우리의 고난당하시는 하나님—을 충실히 나타낼 수도 없다.

이 질문은 많은 사람들에게, 과거에 경험한 극단적으로 침울한 예배와 요즘 우리가 강요받는 지속적으로 '고조된' 예배 사이의 균형을 유발하도록 한다. 하나님과 인간에게 진실한 예배는 실제적으로 슬픔을 직시하고, 모든 아픔과 고통을 이기신 그리스도를 소망을 품고 기억할 것이다.

13. 교회력의 현재 시점에서 적절한 것은 무엇인가? 교회력의 절기들은 우리에게 우리 신앙의 매스터 스토리(master story, 우리의 존재를 설명하고 그 의미를 결정하는, 우리 일상적인 삶보다 더 큰 어떤 틀을 의미한다—역자 주)를 좀더 넓게 인식하게 한다.

어느 주일에 다른 교회에서 설교를 한 적이 있다. 그 예배에서는 '마지막 때' 라는 주제가, 정해진 성경 구절이 포함된 예배 의식에서 뽑은 '본 기도' (Collect of the Day, 설교 전의 짧은 기도)에 이미 나타나 있었다. 이 기도는 본문(그리고 나의 설교)과 잘 연결되었다. "하나님이여, 진노의 날이 임할 때 우리에게는 당신의 은혜밖에 소망이 없나이다. 우리로 마지막 날에 깨어 있어 당신의 아들 우리 주 예수 그리스도의 혼인 잔치에 참여하는 기쁨으로 우리의 소망이 완성되게 하소서."

이것을 같은 날 다른 곳에서 드려진 예배의 다음 기도와 비교해 보라. "성령님, 당신은 영감을 주시는 호흡이시며 하나님이 말씀하시는 한 마디 한 마디를 조명하시는 빛이십니다. 우리가 일상의 방법으로 일상에 들어갈 때, 하나님의 말씀으로 우리에게 생기를 주시고, 우리를 부요하게 하사 세상에 소망을 전하는 사자들로 파송하소서."

두 번째 문장은 예배의 끝 부분에는 적절할 수 있겠지만, 마지막 날에 대한 메시지를 들을 회중을 준비시키고 우리가 기다리는 예배를 준비시키는 데는 적합하지 않다(더욱이 첫째 문장의 경우에는 2번 질문에서 보았듯이 동사가 잘못 사용되었다. 성령이 조명하시는 대상이 하나님의 말씀인가 우리인가? 시인이 나타내려 했던 것은 성령이 하나님의 말씀을 말하거나 기록하는 사람들에게 영감을 주신다는 게 아니겠는가?)

14. **그날의 본문에 적합한 것은 무엇인가?** 이 질문은 우리를 형식에 관한 논쟁에서 벗어나게 할 수 있다. 본문의 내용을 가장 잘 표현해 주기만 한다면 어떤 형식도 가능하기 때문이다. 다양한 형식에서 가장 중요한 것은 모든 음악을 잘 가르치는 것이다(앞의 8번 질문에서 강조해서 말했듯이).

어느 주일에, 주로 흑인들로 이루어진 우리 교회에서 예배 중에 매우 다양한 형식의 음악을 사용한 적이 있었다. 우리가 그렇게 의도했기 때문이 아니라, 우리가 부르는 각각의 노래가 그날 본문을 가장 잘 전달해 주기 때문이었다. 처음 두 노래는 흑인 영가였으며, 역시 소울 뮤직(soul music, 리듬&블루스와 현대적인 흑인 영가인 가스펠이 섞인 미국의 흑인 음악―역자 주)을 하는 라베타가 피아노를 연주했다.

그날의 본문은 이사야 12장이었으며, 어린이 설교를 위해 온 회중이 "보라, 하나님은 나의 구원이시라"(Behold, God Is My Salvation, 히브리 멜로디로)는 '현대적인' 찬양을 배웠고, 나는 아이들에게 유대인의 춤을 하나 가르쳐 주었다. 그날의 서신서 본문은 하나님의 무한한 은혜에 관한 것이었다. 그래서 우리는 초기 미국의 찬송인 "하나님의 크신 은혜"There's a Wideness in God's Mercy를 불렀다. 우리는 이 찬송을 위해 기타 줄을 모두 E와 B로 맞추었고, 아팔라치 스타일로 찬송의 '부르심과 응답'을 노래할 때는 한 사람이 서툴게 기타를 치면서 저음을 냈다.

그날 나의 설교 본문은 누가복음 15장이었다. 나는 케빈 니콜스Kevin Nichols가 쓴 "아버지여, 우리가 헤매었나이다"Our Father, We Have Wandered라는 가사만큼 성경 구절의 정황을 잘 표현해 주는 것을 보지 못했다. 이 가사의 2절은 "속히 우리를 맞아 기쁨의 집으로 인도하시고, 기쁨 가운데 송아지와 세마포와 반지로 우리를 맞으소서"라고 끝난다. 이런 가사를 "오 거룩하신 주님 그 상하신 머리"(Sacred Head Now Wounded, 찬송가 145장)라는 찬송, 즉 바하J. S. Bach의 "마태 수난곡"St. Matthew Passion의 한 부분과 가장 자주 관련되는 "헤르즐리히 투트 미흐 페어랑엔"Herzlich tut mich verlangen의 멜로디에 맞추어 불렀다. 내가 그 찬송을 연주하면서(우리는 서로 상대의 연주 방법을 몹시 부러워한다) 회중에게 먼저 멜로디를 가르쳤다.

예배 후 여러 교인이 나를 찾아와 니콜스/바하의 찬송과 유대와 아팔라치의 음악이 매우 좋았다고 말했다. 분명히 우리는 그 예배에서 하나님의 전체 백성에 대한 의식을 강하게 가질 수 있었으며, 그것은 단지 그날 본문에 아주 잘 맞는 몇 곡의 찬양 때문이었다.

15. **예배에서 정해진 순서에 적합한 것은 무엇인가?** 죄를 고백할 때는 성찬식을 하거나 찬양의 찬송을 부를 때와는 형식이나 음색이 다른 노래가 필요하다. 그렇다면 회중을 한 곳에 모으거나 세상으로 파송할 때 가장 적합한 것은 무엇인가?

16. **우리에게 더 많은 예배가 필요하다는 인식을 불러일으키며, 우리에게 다음 주의 예배에 목마르고 주리게 하기에 적합한 것은 무엇인가?** 우리가 하는 일이, 하나님에 관해 알아야 할 것이 무한히 많다는 사실을 어떻게 암시할 수 있는가? 우리가 하는 일이 예배자들의 마음과 영혼을 일깨워 그들에게 앞으로 예배를 통해 배워야 할 것이 엄청나게 많다는 것을 깨닫게 하는가? 예배가 하나의 틀에 박히지 않을 만큼 많은 다양성이 있으면서도, 하나님을 찬양하기 위해 공동체로 모인 사람들이 정말 집처럼 편안하

게 느낄 정도로 충분한 연속성이 있는가?

우리가 우리의 행동, 드라마, 음악, 예전, 기도, 설교, 드림—예배의 모든 면—에 대해 이러한 질문들을 계속 던진다면, 우리는 형식과 같은 사소한 것들 때문에 싸우지는 않을 것이다. 그렇게 되면, 우리는 하나님의 광휘를 경험하고 함께 교회 됨의 교제를 체험하기 위해 은사를 더 폭넓게 사용할 수 있을 것이다.

9.

예배가 주는 친밀감은 음악적 조작에 기초하는 것이 아니라
관계의 하나님이신 하나님의 성품에 기초한다.

우리의 조그만 삶 너머로 예수님이 커다란 비전을 조금이라도 볼 수 있다면 그 얼마나 크나큰 선물이 되겠는가.   *J. 하인리히 아놀드

세상 사람들의 진정한 필요 채우기

나는 루터 교회에서 자랐고, 루터교 초등학교를 다녔다. 게다가 그곳에서 가르치셨던 독실한 부모님 밑에서 배웠기 때문에 강한 성경적 배경에서 자랐고, 아버지가 오르간 연주자요 성가대 지휘자이며 훌륭한 작곡가였다. 그 결과 나는 내가 평생 계속하고 있는 음악 작업과 성경과 윤리에 대한 훈련을 토대로 예배의 문제들을 다룰 수 있게 되었다. 그래서 나는 교회의 예배가 성경적으로 충실하기를 바라며, 또한 그 예배가 예배자들을 성경적으로 충실한 사람으로 빚기를 바라는 마음으로 질문을 던진다.

나는 어린 시절에 용감무쌍한 전도 대장이었다. 4학년 때부터는 신문을 배달했고, 고객들에게 그리스도를 아느냐고 물었다(지금 생각하면 당시의 방법은 그다지 세련되지 못했으나, 적어도 강압적이지는 않았으며, 사람들은 나의 질문이 진심에서 나온 것임을 알고 있었다). 나는 항상 사람들을 예배로 초대했으며, 자전거를 타고 신문을 돌리면서 새로운 노래를 지어 불렀고, 친구들을 데리고 성경 공부를 인도했다. 전도, 예배, 음악, 믿음 성장과 같은 것들은 내 삶에서 (스포츠와 함께) 중요했다. 내가 학교에서 가장 좋아하는 과목은 종교, 암송, 노래/밴드였다(나는 6학년이 끝날 무렵 고등학교 밴드에 들어갔다).

내가 처음으로 가르치는 직업을 선택한 곳은 아이다호 대학 University of Idaho의 영문학과였으며, 그곳에서 성경 문학을 가르쳤다. 당시 캠퍼스의 영적 열기가 뜨거웠기 때문에 많은 학생이 나를 찾아와 믿음에 대한 이야기를 나누었다. 그들 가운데 몇몇은 캠퍼스 근처의 루터 교회에 출석하기 시작했다. 나는 학생들에게 그리스도와 예배를 가르치는 데 많은 시간을 보냈다.

그후 나는 워싱턴 주립대학 근처에 있는 한 루터 교회에 근거를 두고 아이다호 대학과 워싱턴 주립대학의 캠퍼스 사역에 뛰어들었다. 그 교회에서 장년 찬양대와 청소년 찬양대를 지휘했고, 고등학생과 대학생으로 이루어진 중창단 지도도 맡았다. 또한 주일학교 개교를 위해 음악을 지도했으며, 민속 예배folk service와 성탄절 프로그램을 직접 기획하고 연출하기도 했다. 또한 믿음과 예배 참여 정도가 천차만별인 수백 명의 대학생을 지도하였다. 전도, 예배, 음악, 믿음 성장은 여전히 내 삶의 핵심이다. 그 이후 여러 교회를 거치면서 더 많은 학위를 받았고, 20년 동안 프리랜서 신학자로 일했으며, 전 세계의 신학생들과 교회 지도자들을 훈련시켰지만, 이 부분에서는 별로 변한 게 없는 것 같다.

이런 이야기를 하는 것은, 어린 시절에 받았던 성경적, 음악적 훈련을 그때와는 전혀 다른 시대에 그대로 적용하려는 지나친 이상주의자라고 나를 비난하는 사람들이 있기 때문이다. 나는 사람들에게 예배를 가르치고 젊은이들에게 찬양대 훈련을 시킨 경험이 많기 때문에(그리고 내게는 그런 친구들도 많다) 이런 적용이 가능하다는 것을 안다(나는 몇몇 비판자들이 말하기 좋아하는 것처럼 학문의 상아탑에 갇혀 있는 학자가 아니라 참호에서 30년 이상 성도들 및 불신자들과 함께 몸을 굴린 교사요 음악가다).

신명기 6:4-9("네 자녀에게 부지런히 가르치며 집에 앉았을 때에든지 길에 행할 때에든지 누웠을 때에든지 일어날 때에든지 이 말씀을 강론할 것이며 …", 7절)이나 디모데후서 1:3-14("이는 네 속에 거짓이 없는 믿음을 생각함이라. 이 믿음은 먼저 네 외조모 로이스와 네 어머니 유니게 속에 있더니 네 속에도 있는 줄을 확신하노라 …", 5절)을 읽어 보면, 우리 시대와 사회처럼 믿음 없는 시대와 사회에도 그렇게 자녀를 양육하는 가정이 있다는 사실을 분명히 확인할 수 있다. 우리가 모두 절망에 빠져 교회와 특히 예배에서 더 깊은 믿음과 인격을 독려하기를 포기한다면 어떻게 되겠는가?

"사람이 바른 교훈을 받지 아니하며 귀가 가려워서 자기의 사욕을 좇을 스승을 많이 두는" 시대에, 누가 그들에게 허탄한 신화를 버리고 진리에 귀를 기울이라고 외치겠는가?(딤후 4:3-4) 디모데전후서 기자는 당시의 상황에 대응하면서 디모데에게 촉구했다. "너는 말씀을 전파하라. 때를 얻든지 못 얻든지 항상 힘쓰라. 범사에 오래 참음과 가르침으로 경책하며 경계하며 권하라"(딤후 4:2).

이 모든 것이 말하려는 바는, 왜 그렇게 많은 사람이 더 깊은 양육을 제공하는 교회를 떠나 하찮아 보이는 것을 제공하는 교회로 옮겨 가는지 의아스러울 때, 우리는 더 깊은 질문들을 던지고, 그들이 떠나는 배경에는 어떤 관심사들이 있는지 이해하려고 노력하며, 우리가 얼마나 실패하고 있는지 깨달으며, 모두 양육받을 수 있도록 긍정적으로 변하기 위해 노력해야 한다는 것이다. 그것을 위해서는 정말 진지하고 열심 있는 노력, 우리가 하는 일이 '철이 지난 것'이라도 그것을 '고수하는' 용기, 많은 인내와 가르침, 어려움과 고난을 견디는 능력, 뜨거운 전도, 우리의 사역을 온전히 이행하려는 열정이 있어야 한다는 것도 알아야 한다.

이 글이 너무 길어지지 않도록 사람들이 우리의 교회들이 드리는 예배에 등을 돌리는 몇 가지 이유, 내가 보기에 부적절한—해롭기까지 한—몇 가지 반응, 그 대신에 우리가 더 기울일 수 있는 몇 가지 노력을 간략하게 살펴본다. 나는 사람들이 떠나는 데는 진짜 이유가 있다고 확신하며, 따라서 하찮은 것을 위한 선택처럼 보이는 것을 넘어서지 않으면 교회를 떠나는 사람들에게 적절하게 반응할 수 없다고 본다.

1. 내가 보기에는, 많은 사람들이 전통적 성향의 교회를 떠나는 것은, **그들이 친밀감을 찾고 있으며, 그 친밀감을 예전**禮典**에서는 찾을 수 없다고 생각하기 때문인 것 같다.** 우리 문화는 직접성

immediacy의 문화다. 비록 그 결과가 거짓된 직접성이라 하더라도, 우리 문화는 특히 '친밀감'이라는 직접성의 문화다. 거짓된 직접성이라는 의미는 토크 쇼의 친밀감, 사이버 공간의 친밀감(진정으로 자신을 드러내는 관계와 서로 더 전체적으로 아는 것이 포함된 다른 방법에 기초하지 않는다면), 피상적인 성적 친밀감, 그 밖의 유사한 모조품이 모든 친밀감은 직접적이어야 하며 즉시 느낄 수 있는 것이어야 한다는 생각을 낳았다는 것이다.

많은 교회가 예배에서 생소해 보이고 동떨어진 느낌을 주는 것은 모두 빼 버리고 즉시 아늑함을 느낄 수 있는 것을 집어넣는 식으로 이러한 갈망에 반응하고 있다. 나는 이러한 반응이 결국 예배자들에게 해로울 것이라고 믿는다. 이것은 이러한 반응이, 하나님의 임재에 대한 깊은 의식과 하나님과의 깊은 관계와 다른 사람들과의 깊은 친밀감에 대한 필요, 다시 말해서 기계화된 우리 문화에서 참된 친밀감이 사라짐으로써 심화된 모든 필요를 다루지 않기 때문이다. 지면 관계상 모든 연구를 소개할 수는 없지만, 어떤 형식의 음악은 실제로 소리의 진동이 신체에 영향을 미치는 방식으로 친밀한 '느낌'을 만들어 낸다는 사실을 깨닫는 것이 중요하다. 예배가 주는 하나님과의 친밀감이, 음악적 조작에 기초하는 것이 아니라 관계의 하나님이신 하나님의 성품에 기초하는 것이 무엇보다도 중요하다.

그러므로 우리가 반드시 해야 할 일은 예배를 진정한 친밀감으로 두르며 채우는 것이다. 다시 말해, 예배를 교인들 간의 진정한 교제로, 옆에 앉은 사람에 대한 진정한 보살핌으로, 단순히 느낌이 아니라 하나님께서 그분을 우리에게 계시하시는 방법에 기초한, 하나님과의 가장 진실한 친밀감으로 두르며 채우는 것이다. 나의 고향 교회 목사님은 성도들이 성찬에 참여할 때와 예배를 마치고 집으로 돌아갈 때마다 한 사람 한 사람의 이름을 불러 준다. 그는 예배가 시작되기 전에 방문자들의 이름을 미리 알아 두었다가 그들의 이름도 불러 준다.

마케팅 전문가의 예측과는 반대로, 이 교회는 예전적 예배를 드리지만(새로운 음악과 옛 음악을 다양하게 사용하면서) 놀라운 속도로 성장하고 있다. 성도들의 이름을 모두 기억하는 진정한 친밀감과 예배의 광휘에 계시된 하나님의 깊은 사랑을 주는 목사님의 놀라운 목회적 보살핌이 그러한 성장의 원인 가운데 하나다(경고하건대, 여기 제시된 모든 요점은 진지하고 힘든 노력이 필요하다! 그러나 확신컨대, 하나님은 우리의 가장 깊은 사랑과 최고의 찬양을 받기에 합당하신 분이기에 더 많은 가르침과 보살핌은 그만한 가치가 있다).

2. 우리는 첫째 요점에 **사람들이 진정한 공동체를 찾고 있다는** 사실을 덧붙여야 한다. 우리가 반드시 직시해야 하는 사실은 전통주의의 틀에 박혀 있는 교회들 가운데 사람들을 매우 환대한다고 알려진 교회는 거의 없다는 것이다.

많은 교회가 공동체의 필요에 반응한다고 하면서 예배를 '공동의 감정 분출'communal gush로 바꿔 버린다. 그것은 두 가지 이유에서 해롭다. 첫째, 예배에서 얻은 좋은 느낌이 어려운 순간에도 지속되는 관계로 전환되지 못할 때가 많다. 둘째, 그러한 좋은 느낌이 하나님의 계시로 이루어지는 공동체 빚기를 대신할 때가 많다.

진정한 공동체는 아늑한 음악이 주는 좋은 느낌을 훨씬 넘어서는 것이다. 그러나 사람들이 처음부터 냉랭한 반응을 받고 전적으로 무시당하면서 소원해진다면, 참된 관계가 주는 것을 거의 발견할 수 없을 것이다.

3. 많은 사람이 더 깊이 양육하며 그리스도인의 인격을 성장시켜 주는 교회를 떠나는 것은 **그들이 '찬양' 예배의 감정적 고조를 갈망하고 있기** 때문이다. 우리 시대는 '호기심을 불러일으키는', '짜릿한', '감각적인', '역동적인'과 같은 단어들이 핵심을 이루는 시대다. 따라서 우리는 전반적인 문화 풍조가 더 좋은 내용이 있는 예배를 드리려는 우리의 시도를 거부한다는 사실을 알아야 한다. 또한 사람들에게 그러한 감정적 고조가 필요한 것은, 삶에서 많은 부분이 무섭거나 혼란스럽거나 유동적이거나 염려스럽기 때문이라는 것도 알아야 한다. 사람들의 삶에서 많은 부분이 '바닥'까지 떨어졌을 때, 그들이 자신을 '천장'까지 끌어올려 주는 예배를 원하는 것마저 비난할 수 있겠는가?

그러나 교회가 그러한 필요에 반응하면서 단순히 예배에서 감정을 고조시켜 버린다면, 그 효과를 유지하기 위해 계속적으로 감정을 더 강하게 고조시켜야 할 것이다. 마약이나 술과 마찬가지로 감정적 고조가 효과를 내기 위해서는 계속적으로 강도를 높여야 한다.

그러므로 교회는 하나님에 대한 객관적인 진리가 자신들을 지속적으로 고조시킨다는 사실을 예배자들이 깨닫도록 도와 주어야 한다. 더 깊은 진리를 배우는 것이 처음에는 그렇게 놀라워 보이지 않겠지만, 지속적인 기쁨을 주는 것은 분명하다. 더 성숙한 그리스도인이 되는 것이 지금 찾고 있는 즉각적인 감정의 고조를 주지는 못하겠지만, 장기적으로 볼 때 일상생활에서 혼란과 긴장을 유발하는 상황을 해결하는 데 필수적인 영적 자원을 공급해 주는 것은 분명하다.

4. 많은 사람이 더 많은 자기 표현의 자유를 찾고 있다. 몸을 움직이거나 손뼉을 치며, 열정적이거나 더 생동적인 자유를 찾고 있다. 많은 전통주의적(형용사에 주의하라) 예배가 사람들을 구속(拘束)하는 것은 사실이다. 그러나 많은 교회가 예배를 완전히 자기 표현으로 바꿔 버릴 때 나타나는 세 가지 부정적인 결과에 우리는 반드시 주목해야 한다.

첫째, 예배가 **전체** 예배*corporate* worship가 아니라 **개인적인 헌신의 찬양***private* devotional praise이 되어 버린다는 것이다. 둘째, 어떤 한계선이 없으면 자유가 방종이 되어 버린다는 것이다.

셋째, 자기 표현 자체가 예배의 대상이 될 수 있으며, 예배의 초점이 하나님께 맞춰지는 것이 아니라 얼마나 재미있느냐에 맞춰질 수 있다는 것이다. 어떤 독자에게는 셋째 지적이 조금 심하게 들릴지도 모른다. 그러나 이러한 결과는 수많은 젊은이들을 교회의 모임에, 소그룹이나 저녁을 겸한 대화의 자리에, 주일학교에, 그리고 캠프 지도자 훈련 과정에 받아들일 때 나타나는 현상이다.

사람들의 내면에 있는 이런 특별한 열망은 양극단으로 치달을 위험이 있다. 따라서 교회가 양극단 가운데 어느 쪽도 해결책이 아니라는 사실을 깨닫는 것이 중요하다. 지나치게 딱딱한 전통주의적 예배가 그와는 반대되는, 즉 지나치게 자유로운 예배로 대체되었다. 예배가 어느새 입맛의 문제가 되어 버린다. 대신에, 예배를 계획하는 사람들이 입맛을 넘어선 기준에 따라 예배의 요소를 선택한다면, 더 다양한 사람들에게 더 많은 자유를 주는 다양한 형식을 예배에서 사용할 수 있을 것이다. 그러나 그러한 선택은 신학적 기준과 인격 형성의 기준에 따라 이루어지기 때문에, 따라서 자기 표현이 아니라 하나님에 대한 예배적 반응이다. 그것은 이기적인 자아가 아니라 하나님이 빚으시는 자아다. 그것은 훈련에서 나오는 것이므로 진정한 자유다. 그것은 자아 전체를 드리는 것이므로 기쁨에 찬 참여다.

5. 반대로, 오락적인 문화에 익숙한 **일부 사람들은 수동적인**

채로 있는 것을 더 좋아한다. 그들은 예배에 더 열정적으로 참여하는 것보다는 가만히 앉아서 지켜보기만을 원한다. 목회자와 예배 밴드에게 모든 것을 맡겨서, 예배를 적극적인 참여 없이 편하게 듣기만 하는 방식으로 축소시켜 버림으로써, '소파에 앉아 텔레비전 보는 식'의 방법을 예배에 도입하는 교회가 많다. 그런데 그것은 교인들의 인격 형성에 해를 미친다. 왜냐하면 믿음이란 반드시 **실천되어야** 하며, 하나님을 예배하기 위해서는 우리의 참여가 필요하기 때문이다.

어떻게 하면 사람들이 '하나님과의 관계는 일을 요구하며, 그 일은 큰 성취를 낳는다'는 것을 이해하도록 도울 수 있을까? 내가 여기서 '큰'이라는 형용사를 사용한 것은, 자신을 하나님께 드리는 일은 자신에게 즐거운 것일 뿐 아니라 우주에도 유익하기 때문이다.

사람들이 자기들의 참여를 덜 요구하는 예배를 찾아서 교회를 떠난다면, 우리는 우리가 맞서야 하는 것이 수동적 문화 전체라는 사실을 깨달아야 한다. 그러나 사람들이 더 재미있는 곳을 찾아 떠난다면, 우리는 하나님께 드리는 예배가 기쁨을 제대로 보여 주고 있는지 스스로 물어보아야 한다. 많은 사람이 떠나는 것은, 예배가 그만한 노력을 들일 가치 있는 일이라는 사실을 우리에게서 발견하지 못하기 때문이다.

6. 앞에서 제시한 요점은 우리 문화가 **새로운 것을 우상화하는**

것과 밀접한 관련이 있다. 많은 사람이 믿음과 인격을 성장시켜 주는 교회를 떠나 새로운 것을 제공하는 (더 흥미진진한) 교회를 찾아가거나 단순히 자신에게 새로운 것을 주려고 교회를 옮긴다. 이러한 현상이 많이 일어나는 이유는 우리가 권위, 전통, 성직 제도, 그밖에 꽤 오래 되어 현실에 맞지 않아 보이는 것을 모두 거부하는 시대에 살고 있기 때문이다.

어떤 교회들은 새로운 것에 대한 충분한 신학적 고려나 준비나 정리도 없이, 새로운 것의 약점도 모른 채, 오래 된 전통을 벗어 던지고 새로운 것에 첨벙 뛰어든다. 그와는 반대로 어떤 교회들은 오래 된 것에 집착한 나머지 하나님 대신 전통을 예배한다. 이러한 양극단의 결말은 온전한 교회와 거리가 멀다.

그러므로 우리가 반드시 해야 할 일은 책임감 있게 새로운 음악과 양식을 사용하는 것이다. 그것은 단지 새로운 것을 위해 내용을 희생하지 않고, 새로운 것을 선택할 때 신학적, 음악적 질문에 깊이 주의하며, 새로운 것을 반기도록 회중을 충분히 가르치고, 과거가 주는 큰 선물을 잃지 않는 것이다. 그렇게 함으로써 우리는 사람들이 더 큰 내러티브의 가치, 우리가 시간과 공간을 뛰어넘어 전체 교회의 한 부분을 이룬다는 사실의 가치, 성경적 권위의 가치, 전통에 박힌 뿌리의 가치, 지속적 개혁과 갱신의 가치, 신선한 생명력이 있는 견고한 지혜의 가치, 우리가 모든 시대에서 배울 수 있는 모든 것의 가치를 깨닫도록 도울 수 있다.

7. 사람들이 교회의 전통에 더 깊이 뿌리 내린 예배를 드리는 교회를 떠나 문화적으로 더 호소력이 강한 형식의 예배를 찾아가는 숨겨진 또 하나의 이유는 우리 사회가 **신성한 것을 거부한다**는 것이다. 내가 이렇게 강한 표현을 쓴 것은 우리 문화가 모든 전통을 거부해야 하는 이유가 어디 있는지 아는 것이 중요하기 때문이다.

많은 교회가 이러한 충동에 반응하면서, 오랜 교회사에서 교회가 예배를 이해하는 도구였던 모든 양식을 거부한다. 근본적으로 그것은 단순히 양식을 거부하는 게 아니라 하나님의 계시의 전달자인 교회를 부인하는 것이며, 그러한 예배 양식의 발전을 이끄신 성령의 인도하심을 부인하는 것이며, 그리스도의 몸의 권위를 부인하는 것이며, 예배의 실제에서 핵심이 되는 성경 본문의 거룩한 영감을 부인하는 것이다. 때로 신성함에 대한 거부는 예배에서 모든 경외심과 존경을 제거해 버리고, 하나님을 어떤 초월적 의미도 없는 내재적 존재로 축소하는 데서 더 분명하게 나타난다.

확신컨대 어떤 독자는 앞 단락의 어조가 무척 강하다고 생각하겠지만, 내 말을 분명히 들어 주기 바란다. 나는 지금 모든 전통이 신성하다고 말하는 것이 아니다. 전통의 발전 뒤에는 하나님이 계시기 때문에(비록 그 과정에서 인간의 잘못이 있었다고 할지라도), 어떤 것이 하나님께 속한 것이며, 어떤 것이 인간이 만든 우상인지 좀더 주의 깊게 분별하지 않은 채 무조건 모든 전통을 버릴 수는 없다는 것이다.

우리는 이런 상황을 지나칠 정도로 혹독하게 말하지 않을 수 없다. 왜냐하면 그래야만 교회들이 스스로 전체 교회보다 더 나은 것을 고안해 낼 수 있다고 생각할 때(비록 양쪽 모두 하나님의 권세 아래 있지만) 발생하는 위험을 알 수 있기 때문이다. 레제크 콜라코프스키가 말했듯이, "신성한 것을 거부하는 것은 자신의 한계를 거부하는 것이다." 그는 모더니즘이 최악의 형태로 신성한 것을 완전히 거부하는 것에 대하여 말하고 있지만, 나는 교회가 그렇게 하고 있다고 비난하는 것은 아니다. 그러나 콜라코프스키 때문에 나는 교회가 스스로 모든 전통을 벗어 버리고 신성한 것의 소유자인 전체 교회에서 완전히 독립할 수 있다고 생각할 때, 그에 따르는 엄청난 위험을 심각하게 생각하게 되었다.

그와 반대로, 교회가 지난 100년 동안, 아니 지난 10년 동안 하나님께서 새로운 일을 전혀 하지 않으셨다고 생각할 때도, 엄청난 위험이 따르기는 마찬가지다. 일반적으로 전통은 신성한 것을 그렇게 철저하게 거부하지는 않았던 문화에서 생겨난 것이기 때문에, 전통 그 자체는 하나님의 초월성과 교회에 대한 큰 의식에 뿌리를 두고 있다. 그러나 전통주의자들 역시 신성한 것을 축소시켜 버릴 수 있다.

우리의 문화가 신성한 것을 거부하고 있는 현실에서, 교회가 반드시 해야 할 일이 있다. 바로 하나님의 완전한 광휘에 대해 가능한 한 큰 비전을 제시하는 예배를 드리는 것이다. 그것을 위해 우리는 예배가 그러한 비전을 제시할 수 있는 방법에 관하여, 교회가 오랜 시간에 걸쳐 배운 것에 주의를 집중해야 하며, 하나님의 광휘를 나타내고 예배자들을 그분의 광휘에 잠기게 하기 위해 모든 도구—새로운 도구와 옛 도구—를 최대한 활용해야 한다.

8. 많은 사람이 더 깊이 있는 양육을 제공하려는 교회를 떠나는 것은, **교회가 '예배' 할 때 예배자들이 하는 일을 왜 하는지 이해하지 못하기** 때문이다.

많은 교회가 여기에 반응하면서 주변 문화와 맞지 않는 것은 모두 제거해 버리고, '예배'를 간단히 부를 수 있는 몇 곡의 노래, 항상 친숙하게 연주하는 밴드, 다른 모든 것을 혼자 알아서 하는 설교자로 축소시켜 버린다. 예배는 사용자에게 우호적이어야 한다user-friendly는 잘못된 개념이 자주 조장된다. 나는 사람들을 소원疎遠하게 하거나 감히 근접할 수 없는 예배를 옹호하는 게 아니다. 또 사람들이 미리 많은 교육을 받아야 예배가 그들에게 의미 있는 것이 될 수 있다고도 생각하지 않는다. 대신에 예배에서 사람들을 긴장시키고 불편하게 하는 것을 계속 제거해 버리는 것을 경고하고 있는 것이다.

성경은 하나님을 대면하는 일이 항상 편안하거나 아늑하지는 않다고 분명하게 말한다. 축소지향적 예배가 극도로 해로운 것은 교회의 정체성을 희생시키고(물론 비기독교적인 문화에서 사는 사람들은 교회의 정체성을 이해하지 못한다), 하나님은 쉽게 이해될 수 있는 분이 아니라는 이유로 하나님의 정체성마저 희생시키기 때문이다. 우리는, 우리를 불편하게 하는 것은 이 땅의 하나님의 종이 아니며, 복음의 하나님 자신이 '거치는 돌'이요 '거스르는 바위'라는 사실에 주의해야 한다. 사용자에게 우호적인 예배는 경외심으로 채워진 하나님의 몫을 희생시킨다. 성도들은 일상생활에서 믿음으로 산다는 것이 항상 편안하거나 이해될 수 있는 것이 아니며, 제자가 되는 것이 언제나 기분 좋은 일은 아니라는 사실을 반드시 깨달아야 한다.

이 문제를 다른 방식으로 생각해 보자. 보이스카웃에 입단한 아이들이 '매듭 묶기'를 못한다고 아이들이 계속 보이스카웃에 남을 수 있도록 '매듭 묶기' 과정을 없애지는 않는다. 그 대신 보이스카웃에서는 아이들이 '매듭 묶기'를 배울 수 있도록 최선을 다해 도와 줄 것이다. 우리는 우리 환경과 매우 비슷한 이교도(pagan, 나는 이 용어를 넓은 의미로 사용한다)의 환경에 있던 초대교회를 모델로 삼아야 한다. 초대교회는 사람들을 초대하고, 맞아들이고, 가르치고, 교훈하는 데 매우 신중했으며, 그 결과 불신자들은 열심히 배운 후에야 예배에 참석할 수 있었다.

사람들이 이해가 안 되는 게 있다고 교회를 떠난다면, 아마도 우리는 그들에게 자신들이 모든 것을 곧바로 이해**해야 한다**should고 느끼게 만들었거나, 이해가 부족하다는 이유로 그들을 당혹스럽게 했을 것이다. 교회는 예배자들이 항상 배우는 자의 자세를 취하는 게 좋다는 것을 깨닫도록 돕고, 당혹감을 해소시켜 주며, 예배의 광휘에 참여하면서 예배를 더 많이 배우는 것이 그만한 가치가 있다는 것을 모든 사람이 알도록, 예배를 아주 기쁜 것으로 만드는 데 훨씬 더 많은 노력을 기울여야 한다.

우리는 예배를 축소하는 대신 우리가 예배에서 하는 행위에 담긴 의미를 사람들에게 지속적으로 더 많이 가르치고, 그들이 그 행위의 아름다움에 잠기도록 해야 한다. 우리는 주일 아침 장년 반, 새신자 반, 매년 한 차례 있는 예전禮典 해설 예배, 예배에 조예가 깊은 사람들과의 대화, 어린이 설교, 인쇄물 등을 통해 그들을 교육할 수 있다. 우리는 아이들을 위한 '노래 교실' 프로그램과 어른들이 '예배'라는 큰 선물을 점차적으로 배울 수 있는 입교자/세례자 교육 프로그램을 마련해야 한다. 청소년을 교육하고 부모 교육까지 담당하는 기독교 학교 설립에 투자해야 한다. 모든 예배 때마다 우리가 예배에서 하는 일을 모든 예배자들이 이해할 수 있도록, 예배 시간 첫 5분을 할애할 수도 있다. 그러나 무엇보다도 중요한 것은 예배의 광휘를 축소시키지 않는 일이다. 그 대신 접근성과 풍성함, 신비와 교훈 사이의 분명한 균형을 찾아야 한다.

9. 앞의 요점과 밀접한 관련이 있는 것으로, 몇몇 사람은 자신들이 내용이 더 충실한 교회를 떠나 더 감정 지향적이거나 오락적인 교회로 옮기는 것은 자신들이 일상생활에서 너무 많은 정보를 갖고 있기 때문에 단지 예배를 즐기고 싶기 때문이라고 말

했다. 이것을 볼 때, 이 시대 사람들이 넘치는 정보 때문에 고통당하는 것은 분명한 사실이다.

교회는 이 문제에 반응하면서 형식을 위해 내용을 희생할 때가 많다. 그것이 위험한 이유는, 궁극적으로 장기적 관심과 기억과 인격 형성이 세밀한 부분에 달려 있기 때문이다. 마샬 맥루한Marshall McLuhan은 "매체가 곧 메시지다"라는 유명한 말을 했다. 내용과 그 내용을 전달하는 형식을 완전히 분리하는 것은 불가능하다.

정보에 짓눌린 사회에서 해결책은, 하나님에 관한 정보를 삭제하는 예배를 드리는 것이 아니라 일상생활에서 사람들을 뒤덮는 모든 자료를 다루는 더 나은 틀을 제공하는 것이다. 우리는 사람들에게 하나님에 관해, 그리고 하나님의 백성의 생활 방식에 관해 더 풍성한 시각을 제시함으로써 그들이 자신을 위한 무한 중심Infinite Center을 가지며, 자신이 듣고 보고 배우는 것과 마주치는 상황을 다루는 하나의 틀을 갖게 해야 한다.

예배를 계획할 때는 이 점을 깊이 고려해야 한다. 왜냐하면 예배는 반드시 전개감sense of progression이 있고, 모든 부분에 일관성이 있으며, 하나님을 만나는 하나의 패턴을 제시해야 하기 때문이다. 그것은 설교를 계획하고, 실제로 설교를 하는 방식에도 영향을 미친다. 왜냐하면 우리는 자신의 설교가 이전의 설교나 나머지 예배 순서와 어떻게 조화를 이루는지 회중에게 인식시키고 싶어하기 때문이다. 이처럼 설교자는 정보 이해의 기틀

이 되는 매스터 내러티브를 제공해야 하며, 그러한 사실은 우리가 예배를 가르치는 방식에도 영향을 미칠 것이다. 왜냐하면 우리는 예배가 일상생활과 어떤 관련이 있으며, 어떤 시각을 갖고 살아야 하는지 말하기 때문이다.

10. 어떤 사람들이 심한 고통에 억눌린 채 감정적으로 고조된 예배에 끌리는 것은, **이들이 그러한 예배가 고통을 견디는 데 도움이 되리라고 생각하기 때문이다.** 이 요점은 다른 많은 요점과 연관이 있다. 예를 들어, 많은 교회에서 진정한 환대를 찾아보기 힘들기 때문에(이것은 '현대적인' 교회보다는 '전통적인' 교회에 더 잘 적용되는 말이다) 고통당하는 많은 사람들이 공동체의 지원을 받지 못하고 홀로 남는다. 그와 비슷하게 어떤 종류의 음악이 가장 진정한 치유를 가져다 주는지에 대해서도 큰 혼란이 일어나고 있다.

많은 교회는 사람들의 고통에 반응하면서 예배 중에 '흥겨운 노래'를 부름으로써 그들의 고통을 덮어 버린다. 물론 그런 식의 반응은 고통당하는 사람들에게 해가 된다. 왜냐하면 '따뜻하고 포근한' 느낌은 조만간 사라져 버리고, 또다시 슬픔과 고통의 현실과 마주해야 하기 때문이다. 자신들이 고통당할 때 '하나님은 어디 계신가'라는 의문이 불가피하게 일어난다. 사람들은 자신의 느낌을 초월하는 하나님의 보살핌을 더 많이 경험한다. 그렇지 않으면 그들의 의문은 결코 풀리지 않을 것이다.

여러 시대를 내려온 많은 찬송이 시간의 테스트를 통과한 것은 하나님이 누구이시며, 우리가 고통당할 때 어떻게 하시는지를 분명히 보여 주기 때문이다. 교회가 크고 많은 고통 가운데서도 신실하기 위해서는 예배 시간에 진정한 애가哀歌, 철저한 회개의 기회와 분명한 용서의 선언, 하나님의 성품과 세상에 대한 그분의 간섭하심에 대한 가르침, 교인과 방문자와 세상의 관심사에 대한 뜨거운 기도가 있어야 한다.

다시 말하지만, 나는 단지 관찰자로서 말하고 있는 것이 아니다. 나는 십대 시절 홍역 바이러스가 췌장을 망가뜨려 놓은 이후로 건강 문제와 늘 씨름해 왔다. 그후로 망막 출혈 때문에 한쪽 눈을 실명했으며(7개월 동안 완전히 앞을 보지 못했다), 콩팥이 나빠졌고(내 콩팥은 20%의 기능도 못한다), 양쪽 다리와 소화 기관에 신경 장애가 일어났다.

나는 희귀한 장애와 그 밖의 질병을 끌어당기는 자석과도 같다. 나는 치아를 잘못 뽑아서 턱이 내려앉았고, 갑자기 생긴 난청 증후군 때문에 한쪽 귀가 잘 들리지 않는다. 장중첩증intussusception 때문에 창자가 썩어 들어가 결국 15인치나 잘라 버려서 보기에도 흉한 흉터가 생겼고, 유방암 때문에 유방을 절제하고 심신에 극도로 유해한 화학 치료를 받는다. 그리고 양손의 관절염 때문에 지금도 무척 고통스럽고, 상체의 뼈는 염분이 빠져 나가 심한 통증을 일으킨다. 그뿐 아니라 의사들의 오진으로 한쪽 발이 엉망이 되어 1년 동안 깁스를 했다가 풀었더니, 부러졌다가 나은 다리가 휘어져서 지금은 보조기를 착용한다. 보조기 안쪽에 자주 상처가 생기는데 그럴 때는 오랫동안 목발이나 휠체어 신세를 진다. 이것들은 눈에 아주 잘 띄는 육체적 고통일 뿐이다.

내가 요즘 교회에 대해 느끼는 큰 슬픔 가운데 하나는 그들의 예배가 하나님이 당하시는 고통을 하찮게 여기며, 예배자들의 아픔과 육체적, 영적으로 주린 세상의 아픔을 다루기 위해 충분한 자원을 제공하지 못한다는 점이다. 또한 성경은 '약함의 신학' theology of weakness으로 가득한 반면에, 오늘날 많은 교회가 단지 세상적 견지의 성공을 가치 있게 여기는 것은 슬픈 일이다.

직접 고통을 당하면서 깨달은 또 하나의 사실은 우리의 교회가 기술화되고 소비주의적이며 자기중심적인 세상과는 다른 진정한 공동체, 보살피는 공동체가 되는 일에 실패했다는 것이다. 물론 나도 책임을 면할 수 없다. 공동체 속에서 다른 사람들의 깊이 있는 제자의 삶을 보면서 나의 책임을 계속 일깨워야 하는 것은 바로 그 때문이다. 내게는 거룩한 하나님과의 만남으로, 또 우리의 삶을 그분의 고난 받는 아들의 성품으로 변화시키길 원하시는 하나님과의 만남으로 나를 인도해 줄 예배가 필요하다.

예배하는 모든 사람이, 자신들이 예배에서 하는 것이—그들이 만드는 음악, 설교와 기도에 집중하는 것, 그들이 예배 중에 만난 하나님께 반응하며 사는 삶의 방식이—우주적인 의미가 있다는 것을 깨닫는다면 어떻게 되겠는가?

더욱이 우리가 예배 중에 하는 일이 예술이라는 사실을 깨닫는다면, 우리는 모든 음악적 양식과 형식을 선택할 때 그 음악적, 본문적, 영적 장점을 주의 깊게 고려해야 하며, 그렇게 선택한 음악을 가능한 한 뛰어나게 노래하고 연주해야 하고, 가능한 한 최고의 솜씨로 하나님께 드려야 한다는 것을 알게 될 것이다.

예배의 예술은 교회에 속한 것이다. 그것은 하나님의 백성이 살고, 일하며, 기억하고, 교회 됨을 배우며, 하나님의 백성임을 누리는 수단이다. 건강한 교회는 하나님을 깊이 예배할 것이다. 또한 예배와 교육을 통해 하나님의 성품을 닮아 가는 백성으로, 그리고 하나님으로 인하여 공동체 가운데 사는 예술가로, 위험을 경고하는 성벽의 파수꾼으로, 하나님 나라의 기쁨을 나누는 그 나라의 대사로, 진정한 친밀감으로 이웃에게 다가가는 친구로 살도록 하나님께서 구별하신 백성으로 빚을 것이다. 그러한 교회는 숫자나 성공, 화려함이나 권력, 감정적 고조나 단순히 새로운 것의 우상에 빠지지 않고, 그리스도께서 우리를 부르신 뜻대로 종이 되고, 십자가를 지는 자가 되고, 증인이 될 것이다.

에필로그 더 힘든 길을 권하며

> 위대한 일은 힘으로 되는 것이 아니라 인내로 된다.
> *새뮤얼 존슨

우리가 예배로 모이는 것은 주변 세상으로 나가 진리를 우리와 나누자고 세상을 초대할 수 있을 만큼 그 진리를 잘 알 때까지 우리의 언어를 말하고, 일하시는 하나님에 관한 우리의 이야기를 읽으며, 믿음의 찬송을 다양한 형식으로 부르며, 우리의 기도를 읊조리고 쏟아 내기 위해서다. 예배에서 성경의 이야기는 주변 문화와는 다른 이야기를 들려 주면서 우리를 빚는다. 그로써 우리는 우리를 자유하게 하는 진리를 알게 되고, 그 진리를 이웃과 나누기를 갈망한다.

그러므로 예배는 우리가 그 사명을 감당할 수 있도록 하나님의 넘치는 광휘를 보여 줌으로써 우리를 훈련시켜야 한다. 하나님이 교회에 요구하시는 것은 사람들의 입맛에 영합하면서 '종교적 상품과 서비스를 파는 행상'이 되는 것이 아니라 '사명을 띠고 파송된 사람들의 몸'이 되는 것이다.

그리스도의 몸을 이루는 지체들은 물질주의적이며 경험적인 소비주의, 자아도취적 교만과 개인적인 취향, 천박함, 일시적 만족이라는 세상의 가치에 사로잡히는 대신, 서로 나누고 다른 사람들을 위해 기꺼이 고난 받으며, 서로 자신을 내어 놓고, 자신의 영원한 목적을 추구하는 단순한 삶을 선택한다. 예배를 통해 (제자의 삶을 촉진하며 하나님께서 우리로 열매를 맺게 하셨다는 새로운 비전을 심어 주는) 하나님의 말씀을 지속적으로 듣고 깊이 묵상하며 찬양하고 기도할 때 우리는 그리스도의 이야기를 전하며, 하나님의 사랑으로 이웃을 품으며, 하나님 나라 백성의 대안적 교회 됨을 삶에서 의도적으로 실천하는 사명과 사역을 위해 하나님의 마음을 품게 될 것이다.

사회학자들은 주변의 더 큰 사회와는 본질적으로 다르게 자신을 유지하기 원하는 모든 대안적 생활 방식은, 자신이 어떻게 다르며 그것이 왜 중요한지에 대한 분명한 비전을 제시하고 확대시켜 주는 언어, 관습, 습관, 의식, 제도, 절차가 필요하다는 것을 인정한다. 우리 그리스도인들은 성경에 묘사되어 있고, 그리스도에게서 체현된 대안적 삶의 방식에 헌신함으로써 그 귀중한 생활 방식을 자녀와 이웃에게 전하는 데 자신을 기꺼이 투자하고 있는가?

오늘날의 교회들에서 교회가 된다는 것이 무엇을 뜻하는지에 대해 심한 혼란과 혼동이 일어나는 이유는 무엇인가? 예수님은 결코 우리에게 불신자들에게 크고 성공적이며 매력적인 존재가 되거나 우리가 살고 있는 문화에 동화되라는 말씀을 하지 않으셨다. 예수님은 정반대로 말씀하셨다. 예수님은 길이 좁고(마

7:13-14), 먼저 된 자가 나중 되며(마 5:11), 우리가 그분의 이름 때문에 모든 사람에게 미움을 받으리라고 말씀하셨다(눅 21:17). 또한 인자가 올 때에 세상에서 믿음을 찾아볼 수 있겠느냐고 하셨다(눅 18:8). 우리 시대의 교회와 문화를 생각할 때면 예수님의 말씀이 귓가를 떠나지 않는다. "소금이 좋은 것이나 소금도 만일 그 맛을 잃었으면 무엇으로 짜게 하리요. 땅에도 거름에도 쓸데없어 내어 버리느니라. 들을 귀가 있는 자는 들을지어다 하시니라"(눅 14:34-35). 하나님 아버지, 우리가 맛을 잃은 듯하니 우리를 불쌍히 여기소서!

그와는 반대로, 예수님은 결코 우리가 세상을 피해 숨거나 이웃의 필요를 무시하거나 우리가 알고 있는 것에 대해 침묵하거나 의도적으로 엘리트주의자가 되라고 하지 않으셨다. 예수님은 제자들에게 그들의 빛을 사람들에게 비추며(마 5:14-16), 병든 자를 고치고, 하나님 나라를 선포하며(눅 10:1-9), 가진 것을 팔아 가난한 자들에게 주고(눅 12:23-24), 회개와 용서를 선포하며 증인이 되라고 말씀하셨다(눅 24:44-49). 그렇다면 우리는 어떻게 교인들을 이러한 선교의 비전으로 무장시킬 수 있겠는가?

우리는 교회의 사명이 사람들에게 기독교의 언어와 습관과 실천을 가르쳐 그들이 믿음의 언어 중심에서 성경 본문을 통해 빚어진 후에 나가서 배운 대로 제자의 삶을 살며 열매를 맺게 하는 것이라는 사실을 반드시 알아야 한다.

예배를 단순히 즐거움을 주거나 호소력이 있는 것으로 계획

한다면 우리가 어떻게 믿음의 언어에 잠길 수 있겠는가? 특히 기독교 언어의 주요 관용어가 성경에서 나오며 우리의 삶이 성경의 내러티브를 통해 형성되기를 원한다면, 우리 자신을 주변 세계의 언어에 지나치게 순응시킬 수 있겠는가?

우리 교회들은 세상의 어리석은 것들을 내려놓고 십자가를 지도록 사람들을 훈련시킬 만큼 깊이 있는 예배를 드리고 있는가, 아니면 단순히 좋은 시간을 구하고 있는가? 우리 예배는 우리를 공동체로 맞아들이며, 공동체의 생활 방식과 교회 됨을 위해 더 어려운 노래를 기꺼이 배우려는 공동체의 태도를 갖게 하는가? 우리 예배는 낯선 사람들을 환대하고, 그들이 노래하지 않으면 정말 좋은 생활 방식을 놓친다고 느끼도록 그들을 우리의 노래 가운데로 맞아들이는가? 그럼으로써 우리 예배는 우리가 이웃과 친구가 될 수 있게 하는가? 우리 예배는 우리가 그렇게 좋지 않은 시간을 참아 낼 수 있을 만큼 좋은 소식의 기쁨으로 우리를 가득 채우는가?

믿음의 언어를 배우라고 요구하는 교회가 되는 것은 초대형 교회를 추구하는 현재의 흐름을 강력하게 거부한다. 왜냐하면 친밀한 멘토링과 공동의 삶이 있는 더 작은 공동체들이 구성원들에게 진정으로 '이웃을 사랑하는' 지속적이고 특별한 보살핌을 행할 수 있기 때문이다. 웬델 베리가 '멋진 것'을 보존하기만을 원하는 자연 보호론자들을 관찰한 내용이 그에 대한 하나의 예가 될 수 있다.

베리가 말하듯이 "위험에 처한 종種과 생태계의 건강이나 큰 지역을 보존하기에 충분할 만큼 많은 공원을 만드는 것은 지극히 어려운 일이다." 그런 일은 모든 사람이 보존을 보장하는 작은 보살핌에 참여할 때만 가능하다. 그러므로 기독교가 세상을 우리의 믿음으로 초대하기 위해서는 공동체 구성원 모두에게 은사가 필요하다. 진정한 다가감을 위해 반드시 필요한 것은 멋진 것이 아니라 모든 사람의 성실함이다.

나는 지금 작은 것을 위해 작은 교회들을 옹호하고 있는 게 아니다. 다만 큰 것을 위해 큰 것을 끊임없이 옹호하는 이 시대의 경향에 반대하고 싶을 뿐이다. 큰 교회와 작은 교회는 나름대로 특별한 장점이 있다. 우리 교회의 교인 수가 얼마이든 간에 사역에 참여하고 교회 됨에 참여하도록 모든 교인을 반드시 훈련시켜야 한다.

고귀한 시간 낭비인 교회의 예배가 일상생활에서 선교 사역을 하도록 교인들을 무장시키려면, '어떻게 하면 우리를 선교로 부르시는 분을 알지도 못하고 그리스도인의 섬김과 다가감의 삶에 아직 헌신되지 않은 사람들에게 호소력을 가질 수 있을까' 라는 기준에 따라 예배를 계획해서는 안 된다. 마케팅과 음악 형식이나 예전禮典 양식의 호소력에 관한 질문은 대개 이러한 핵심을 비켜 간다. 오히려 내가 계속 강조하는 세 가지 기준이 예배를 위한 본질적 기초를 세워 준다.

성경의 하나님이 예배의 무한 중심이어야 하고, 예배는 예배자들이 하나님의 충만한 광휘에 잠겨 그들의 시간을 낭비하게 할 수 있어야 한다.

예배는 싱도들을, 예수님을 따르며 세상의 평화와 정의와 구원에 대한 하나님의 목적에 헌신된 제자로 빚어야 한다.

예배는 회중을 예배, 가르침, 교제, 떡을 뗌, 기도, 찬양, 경이, 상호 보살핌, 사회 참여에서 시간과 공간을 초월하여 하나님의 모든 백성과 연결된 참되고 포괄적인 기독교 공동체로 빚어야 한다(행 2:42-47을 보라).

이러한 기준은 우리가 예배의 요소를 선택하는 데 관계되는 고결함, 적절함, 일관성, 다양성에 관한 질문을 제기할 것이다. 다시 반복해서 말한다. 우리의 목표는 진리를 충분히 알아서 주변 세상으로 나가 우리와 함께 하나님의 다스림에 참여하도록 세상을 초대할 수 있을 때까지, 공동체의 성경에 기록된 믿음의 내러티브들을 읽고 전파함으로써 믿음의 언어를 실천하고, 우리의 믿음의 노래를 부르며(모든 종류의 형식으로), 우리의 기도를 쏟아 붓고 읊조리는 것이다.

예배가 우리를 하나님의 통치 안에 거하는 백성으로 빚는다면, 우리는 하나님의 영광과 세상에 대한 사랑 때문에 가는 곳마다 하나님의 나라를 전할 것이다. 그리고 복음의 진리의 말과 복음의 신실한 행동으로 주변 문화에 다가가는 훈련을 받게 될 것이다.

옮긴이

김병국

연세대와 총신대 신학대학원(M. Div.)을 졸업하고 네덜란드 캄펜(Kampen) 신학대학교(Th. D.)에서 공부했으며, 지금은 천안대학교 신약학 교수로 있다. 저서로 「설교자를 위한 공동서신 강해」(이레서원), 「외우기 쉬운 헬라어 단어」(도서출판 바울)가 있으며, 역서로 「주님과 동행하십니까」(도서출판 바울), 「신약서론」(크리스챤다이제스트), 「NTG-요한 서신」, 「하나님이 눈물을 씻기실 때」(이상 이레서원) 등 다수가 있다.

전의우

연세대와 총신대 신학대학원을 졸업했으며, 1993년부터 번역에만 전념하고 있다. 역서로는 「안식」(IVP), 「영적 도약의 경험」(규장), 「내가 알지 못했던 예수」(요단), 「진정한 기독교」(복있는사람) 등 다수가 있다. 「하나님과의 신선한 만남」(요단)으로 1998년 한국기독교총연합회 출판 문화상 신앙 부문 최우수 역자상을 받았다.